日本の食文化 1
食事と作法

小川直之 編

吉川弘文館

刊行にあたって

「日本人は何をどのように食べてきたのか」について、日本の食文化を特徴づける古くからの食材や食料をもとに、民俗学や歴史学などの研究成果から解説することで、「食」をめぐる歴史・民俗を知っていただくのが本シリーズのねらいである。

二〇一三年、「和食」がユネスコの無形文化遺産代表一覧表に記載され、国内外で和食への関心が高まったことは記憶に新しい。日本の食が「和食」と総称され、文化的位置づけがなされた一方で、「食」の現在的な状況は、国連世界食糧計画（ＷＦＰ）・国連食糧農業機関（ＦＡＯ）の報告に拠れば、慢性的な栄養不足による飢餓状態の人が、二〇一七年は世界で八億二一〇〇万人にのぼり、三年連続で前年を上回って増加傾向にある。その原因は紛争と異常気象による農業生産量の下落にあるという。一方、日本では廃棄された食品が二〇一五年度には約六四六万トンにのぼり、世界では生産された食料の三分の一が捨てられているという（『朝日新聞』二〇一八年九月一四日、二二日記事より）。「いのち」をつなぐ「食」の世界的な現状は、飢餓と飽食の二極化が進み、危機的な不均衡が存在している。

本シリーズでは、この問題を直接的に扱ってはいないが、「食」をめぐる日本の現状としては、一九九〇年代以降、家族のあり様や生活の個人化を背景に、家族がいても一人で食事をする「個食」（一九九〇年代からの動向）、「孤食」（二〇〇〇年前後からの表記）、一部調理された食材を買い、それに手を加えて食事をする「中食」や惣菜の購入、さらに飲食店での「外食」などの増加が指摘されている。つまり、食の「外部化」の進行が現代の日本社会の特徴として指摘できる。しかし他方では、「地産・地消」あるいは食材を自ら生産して食べる「自産・自消」を基軸にしたスロー・フードも広まっていて、食事のあり様には、早さと手軽さを求める一方で、安心な食材にこだわるという志向が強くなっている。人間にとって「食べること」は「いのち」をつなぐだけでなく、つとに指摘されているように人としての社会性を形づくることでもある。歴史と民俗から日本の「食」の現在を知るということは、日本社会の現在を考えることにもつながるといえよう。

食文化の捉え方、叙述の視点はいく通りもあるが、本シリーズでは、第1巻を「食事と作法」とし、「食」に関するさまざまな作法や価値観、食具・調理法といった「食」のわざ（技）をまとめた。そして、第2巻以降は、「米と餅」、「麦・雑穀と芋」、「魚と肉」、「酒と調味料、保存食」、「菓子と果物」というように、それぞれの食物の歴史と食事の慣習と調理法などについて解説する。第1巻を食文化の総説とし、第2巻以降が各論編ということができる。各巻の内容から、日本人は何を食べ物としそれをどのように食べてきたのか、そして、これらにはどのような歴史的変遷があり、地域的な差異や特色があるのかを読み取って頂きたい。

本シリーズを起点、あるいは基点として「食」に関するさまざまな課題へと思索をめぐらせて頂けたら幸いである。

二〇一八年一〇月

小川直之
関沢まゆみ
藤井弘章
石垣　悟

目次

総論　「食」の作法と知識

小川直之

文化としての「食」　「食」が文化であることは誰もが認めることであろう。いくつか具体例をあげると、日本や中国、韓国、ベトナムなどでは食事に箸《はし》を使うのは普通のことである。しかし、韓国では箸はおかずである副菜を食べるのに使い、米の飯はスプーンを使う。食堂などでの外食の箸には、日本では使い捨ての割箸を使うが、中国や韓国での割箸使用は近年のことで、かつては洗って使い回す箸であった。フランス料理など欧米の食事では、フォークとナイフ、スプーンを使う。インドなどの南アジアでは、手食が基本で、しかも左手は不浄な手なので右手だけで食べることが慣わしとなっている。

食物の違いはあるものの食べるという行為はどこも同じである。しかし、食具に何を使うかは地域によって差異があって、これは明らかに人為による文化の差といえよう。日本で箸を使うようになったのは、飛鳥板蓋宮跡《あすかいたぶきのみやあと》から出土した箸が現時点で最古のもので、箸の使用が一般化したのは平城宮の時代になってからである。三世紀半ばの『魏志《ぎし》』倭人伝、七世紀の『隋書《ずいしょ》』倭国伝では、いずれも倭国では手食であり、それが箸の使用に変化して現在に至っているのである（本書「箸と椀・膳」）。フランスにおいても一六世紀になって次第にナイフとフォークの使用がテーブルマナーの形成とともに進んだ（新谷　二〇一三）。人間はいずこも手食であったのが、後に現在のような食具による食べる技と作法を形成したのである。

こうした技と作法が文化なのであり、これらは箸やナイフとフォーク、スプーンという手の延長上にある食具だけでなく、食器や食膳にも認められる。日本では室町時代以降の本膳《ほんぜん》料理の展開（熊倉　二〇〇二）のなかで、庶民レベルでは江戸時代後期から個人ごとに使用する箱膳《はこぜん》がうまれ、家族銘々の食具が広がり（神崎　一九九六）、食具による「個人」意識が生まれるが、フランス料理など欧米の食慣習には、食具の個人化は認められない。また、食をめぐる技と作法の地域差は調理法にもあって、焼く、煮る、蒸すという三大調理法（本書「焼く・煮る・蒸すと火の文化」）では、正月の雑煮の餅をみていくと、おおむね関ヶ原以西の丸餅地域では、生餅を汁に入れて煮るのに対し、関ヶ原以東の角餅（伸餅《のしもち》）地域では焼いた餅を汁に入れるというように、「煮る」と「焼く」に地域差が認められる。ウナギのさばき方でも、背開きにする関西風と腹開きの関東風というような差異がある。

食物を食べることが、人間関係や社会のあり方と密接に結びついていることはいうまでもない。遺伝学者である佐藤洋一郎は「ヒトはもともと、群れ（集団）で食べる習性を持っていた」ので、「人間は食べるという行為を通して社会性を高めた」（佐藤　二〇一六）と指摘する。ユネスコの無形文化遺産代表一覧表に提案した「和食：日本人の伝統的な食文化―正月を例として―」が社会慣習として記載された（本書「ユネスコ無形文化遺産としての「和食」」）というのは、人類文化としての「食」の基本的な性格でもある。また、群れで食べる習性をもつからこそ、かつては日に二度であったのが、明治時代以降に三度の食事に変化していき、ほぼ同じ時間帯に食事をするという食制が社会慣習として成り立ったのである（本書「三度の食事」）。

人と人とが集って食事をする「宴」（本書「饗宴と共食」）、このことと深く結びついている食物の贈答（本書「食物贈答」）も、「食」をめぐる社会慣習であるが、饗宴《きょうえん》や食物贈答のあり方やこれによって維持される人間関係の様相は、海外の諸地域と比べると差異がある。「食」の社会性というのは、人間と神との関係性にも表れていて、神祭りなどのハレの時と日常のケの時とは、食物や食べ方（食制）を区別した（本書「食をめぐるハレとケ」）。また、日本や中国、韓国、さらにはインドなども含めたアジア地域では、カミ（神仏）や死者・先祖にも、その祭りには特別な食物を供えるとともに、カミと人間が一緒に食事をする（本書「神饌」）。「食」によるカミと人間との交流が「祭り」の要点ともいえるが、このことからは、カミは絶対的な存在ではなく、人間と同じように飲食を欲する存在であるという観念がうかがえる。

社会慣習としての食事は、先にあげた食膳などのように歴史的な変化があって、それはさまざまな面に表れている。だれが食事を作るかという料理人は、本膳料理の成立と展開の中で専門職としての流派が生まれ、これが現在の板前につながるが、ここには家庭での料理は女性が担うというジェンダーの問題も存在する（本書「料理人」）。また、都市社会では江戸時代に職業の分化が進むなかで、飯屋や料亭という食の専門店が生まれ、一方では路上などでのファーストフードができた。寿司《すし》や麺としてのソバ、天ぷらはその代表で、その後、一九七〇年代には現在につながるファーストフード店がいくつもできた。しかし、こうした動向のなかで、食の安全や地産地消などを含みながらスローフード運動が世界各地で起きて現在に至っている（本書「ファーストフードとスローフード」）。

「食」の知識と精神性　「日本の食文化」第1巻は、右のような文化としての「食」の考え方に基づいて構成したが、食をめぐる文化としては、これら以外にも、重要な点がある。そのいくつかをあげておくと、日本では江戸時代以降、「食」と心身との関係への関心が高まった。いわゆる「健康食」という食観念が広まり、このことは現代人にとっても日常生活の大きな関心事となっている。多くの例をあげる紙数はないので、一例だけをあげると、一六九七年（元禄一〇）刊の人見《ひとみ》必大《ひつだい》著『本朝食鑑《ほんちょうしょっかん》』の序には、「凡そ食に形あり、色あり、気あり、味わいあり。その本《もと》を究めず、その微《び》を発《ひら》かざれば、則ち日用の間、この生を養い難し」とある。食物の形や色、精気、味などの本質を究め、細部を明らかにすることによって、日常の生（健康）を養うことができるといっている。この文に続けて「この生を養わずんば、則ち何をもってかその形を養い、その徳を養い、その人を養わんや」、つまり、健康を養うことは肉体（形）と精神（徳）を養い、「人間」を養うことであるというのである。

人見必大は医師であり、医学的な見地から「食」の重要性を認識し、水や調理の火などから始まって穀類、蔬菜類、菓、肉、魚類などの食材解説を行っている。「医食同源」という用語は一九九〇年代に使われるようになったが、『本朝食鑑』にある思想は中国の「薬食同源」という考え方からの影響であり（原田　二〇〇〇）、滋養強壮とかダイエット食などは、こうした思想の延長線上にある。一方では、すでに『万葉集』には、夏の暑い季節にウナギを食することの効果がうたわれるなど、「食」と健康、体力との関係は、経験に基づいて古くから知識として累積されてきた。

「ウナギと梅干し」「スイカと天ぷら」など、同時に食べると身体に害があることを説く「食い合わせ」も、七五七年（天平宝字二）の養老律令《ようろうりつりょう》に「合食禁《がっしょくきん》」があって、古くから確認できる。江戸時代には、一七一三年（正徳三）成立の貝原益軒《かいばらえきけん》の『養生訓』などによって喧伝され（石川　一九八二）、民間伝承にもなっている。これとは直接的な関係はないが、民間には食物禁忌といって、特定のものを食べることを忌む伝承がある。これも「食」をめぐる民間の知識の一つで、たとえばキュウリが牛頭天王《ごずてんのう》など特定の神の信仰と結びついて食物禁忌となるなど、食の精神性を示す文化はいくつもある。「餅なし正月」といい、自家の先祖の行為と結びつけ、正月に餅を食べてはいけないという禁忌伝承もある（坪井　一九七九）。

「食」の精神性は食物だけでなく、食をめぐる用具にもある。竈《かまど》で火《ひ》をおこすのに使う火吹竹《ふきだけ》は、竹の節を抜いて息が通るので、このことを長寿とつなげ、これを祝いの品として配ることがある。また、飯を盛る木の杓文字《しゃもじ》を家の門口に取り付け、百日咳除けにする呪術もある。これは飯を盛ることから、訪れ来る疫病を「召し捕る（飯取る）」という連想によるものである。

郷　土　食　「食」をめぐる知識や精神性として、もう一つあげておきたいのが、いわゆる「郷土食」「郷土料理」という概念の成立とその内容である。これは現在のスローフード運動とも結びつくことだが、矢野敬一は昭和一〇年代後半に大政翼賛会が打ち出した「国民食」のなかで「郷土食」が提示され、その実態調査が行われていくことなどを明らかにしている（矢野　二〇〇七）。この調査の一つが柳田国男《やなぎたくにお》主宰の民間伝承の会による『食習採集手帖』を作成しての全国「食習調査」で、調査結果の翻刻と分析が田中宣一を中心とする研究プロジェクトで進められ、出版されている（成城大学民俗学研究所編　一九九〇・一九九五）。このように用語として確定していく「郷土食」さらに「郷土料理」は、戦後の高度経済成長を経て日本の食文化として大きな存在となっていく。「食」の平準化が進む現代社会において、食文化の地域差や地域的特色が今後も維持できるか、少子高齢化、過疎化といった人口構成の不均衡のなかで重要な課題であるが、「郷土食」や「郷土料理」は、いうまでもなく「郷土」や「ふるさと」という精神性とともに存在している。

飢饉・飢餓の記憶　食物と水を摂取することは、動物であるヒトとして必須のことで、これなくして生命を維持することはできない。あたり前のことであるが、世界の、さらに日本の「食」をめぐる文化を理解していくにあたっては、その前提に食糧・食料である農作物が稔らない飢饉やこれらによる飢餓があることを忘れてはならない。人類史や日本の長い歴史過程で、人々は何度もの飢饉や飢餓を経験している。だからこそ年間を通して食べものが絶えることなくあることを豊かさの象徴と考え、それぞれの地域条件に則して、何をどのように食べるかの知恵と技《わざ》を生み出し、それを次世代に伝承してきた。そして、食べることの楽しみを家族で共有し、時に客を招いて宴を催して生きることを悦び、食べものそのものを飾り立てて楽しんだのである。「食」が単に命をつなぐだけでなく、何を食べものとするのかから始まって、さまざまな「食」をめぐる文化が成立し、持続しているのは、一つには食べものが涸渇するという飢饉や飢餓の体験と記憶があるからといえよう。

柳田国男は、福崎町（兵庫県）から一家で転居した北条町（加西市）で一八八五年（明治一八）に飢饉を体験している。自身の来し方を回想した『故郷七十年』（柳田　一九五九）に「飢饉の体験」を書き、ここではこれが日本での最後の飢饉ではないかといい、一ヶ月間、有力商家が粥の炊き出しをしたので、米粒のない重湯《おもゆ》を土瓶《どびん》で貰って飢えを凌いだ。この体験が東京帝国大学法学部での「三倉《さんそう》」の研究につながったという。その『三倉沿革』は成城大学民俗学研究所の柳田文庫にあって、影印出版の解説では、飢饉体験と三倉研究によって大学卒業後、農商務省へ入省し、さらに後の民俗学研究に進む経緯が示されている（小島　二〇一二）。

柳田は『故郷七十年』の「布川のこと」では、「食糧が欠乏した場合の調整は死以外にはなく」とし、天明の飢饉から続いての天保の飢饉に際しては、布川の地蔵堂《じぞうどう》に絵馬として掲げられたような嬰児《えいじ》の間引きをせざるを得なかったと推測している。資料的に確認できる飢饉の多くは、冷害や虫害によるもので、とくに関東以北の地域では大きな被害、餓死者を出

図　江戸時代後期の餓死者供養塔（岩手県花巻市）

してきた。菊池勇夫は東北地方における天明、天保の飢饉の実態を検証し、凶作（飢饉）が起こると一揆・騒動が勃発し、村からの地逃げ、強盗の頻発化と餓死者の発生、疫病流行による大量死が起きて、この後に回復に向かうという（菊池　一九九四）。こうした経過のなかで嬰児の間引きも行われたと考えられるが、東北地方の飢饉はその後も何度も起きている。昭和になってからも一九三一（昭和六）、三四、三五年と続いて発生している。山下文男は、この時にはワラビの根や松の皮などを食用とし、子女の身売りも頻発した実態を明らかにしている（山下　二〇〇一）。

飢饉・飢餓に対する救荒食物としては、松の皮の内皮を水に漬けてあく抜きし、粉にして穀物の粉を混ぜて団子にしたもの、稲藁《いなわら》を切ってあく抜きして石臼《いしうす》で粉に挽《ひ》いて練って丸めた藁餅、米ぬかに穀物の粉を加えた団子など、さまざまなものがあった。もちろん山野の食べられる草や根菜、木の実なども食べ尽くした。奄美《あまみ》大島などでは毒をもつ蘇鉄《そてつ》の赤い実からもデンプンをとった。飢饉という非常時に何をどう食べるかも、食の技と知恵であるが、こうした普通は食べることのないものも食料とするような食をめぐる技と作法は文化の根底に横たわっている経験と記憶であると考える必要がある。

山形県村山地方の農家の暮らしを記した高瀬助次郎『百姓生活百年記』には、くず米を搗《つ》いて炊いた砕飯《くだけめし》、くず米を搗いて粉にして糯米《もちごめ》の二番米（刈り取った後で出た穂の米）と混ぜてつくる砕餅《くだけもち》、精白過程などで砕けた米を粉にしてつくる砕団子《くだけだんご》などが記されている（高瀬二〇一四）。普通は捨ててしまうようなクズ米や砕け米さえも大事に飯や餅、団子にするという、食の「もったいない」という心情は飢饉や飢餓の体験、記憶があるからこそといえよう。

豊穣への希求　農作物や魚介物などの食糧・食料の豊作・豊漁祈願は、日本の年中行事では小正月である一月一五日前後に行われてきた。これ以前の期日に行う「鍬入《くわい》れ」などと呼ぶ仕事始めにもこうした願いは見られるが、しばしば起きた飢饉や凶作を前提とするなら、牧歌的に見えるこのような祈願の儀礼や行事には、生きるための切実な思いが込められていたと考えられる。

一月四日や一一日などに、水田を少し耕して米などの供物《くもつ》を三ヶ所に置き、飛んできた鳥（烏など）がどれを食べるかによって早稲《わせ》、中稲《なかて》、晩稲《おくて》の出来を占う作占い、一四日か一五日に稲穂を模して木の枝に小餅を取り付けて飾る餅花《もちばな》、アワやヒエの穂を模したものをつくって畑や肥料である堆肥の上に立てる「アワ穂・ヒエ穂」の儀礼など、具体的には枚挙にいとまのないほどの儀礼や行事が伝えられている。

神奈川県などには、米と大麦、アワの三種の穀物を蓄え、米と麦、米とアワというように混ぜ合わせて日々の食べものとする「三《み》とり混ぜ」ができる家が豊かな家であったと伝えるところがある。岐阜県の飛驒《ひだ》地方では米と大麦、ヒエの三種の「三混ぜ飯」が豊かさの現れといい、家の豊かさは、食糧確保と直結していた。食糧を米だけに頼らず、大麦やアワ、ヒエにも比重をおいて、飢餓のリスクに備えたのである。これは稲作でも早稲、中稲、晩稲と、収穫期が三期にずれる米づくりをして、冷害や虫害が出てもリスクを減らすという知恵と技があった。

日々、売れ残りの弁当などが大量に捨てられていく現在、またグルメ情報を頻繁に扱う情報メディア、大食いや食べ歩きという無駄な食を煽るテレビ番組など、飽食の時代であるからこそ、これまでの日本の食文化、そして「食」の未来を考えるにあたっては、飢饉・凶作による飢えと餓死、そしてその記憶があったことを忘れてはならない。

参考文献

石川寛子　一九八二年「近世庶民生活における合食の禁」日本生活学会編『生活学　第八冊』ドメス出版
神崎宣武　一九九六年『「うつわ」を食らう―日本人と食事の文化―』NHKブックス
菊池勇夫　一九九四年『飢饉の社会史』校倉書房
熊倉功夫　二〇〇二年『日本料理文化史―懐石を中心に―』人文書院
小島瓔禮　二〇一二年「人間が生きることの探求―『三倉沿革』に寄せて―」『民俗学研究所紀要』第三六集別冊
佐藤洋一郎　二〇一六年『食の人類史』中公新書
新谷尚紀　二〇一三年「食文化の歴史と民俗」新谷尚紀・関沢まゆみ編『民俗小事典　食』吉川弘文館
成城大学民俗学研究所編　一九九〇年『日本の食文化―昭和初期・全国食事習俗の記録―』岩崎美術社
一九九五年『日本の食文化（補遺編）―昭和初期・全国食事習俗の記録―』岩崎美術社
高瀬助次郎　二〇一四年『百姓生活百年記』村山民俗学会
坪井洋文　一九七九年『イモと日本人―民俗文化論の課題―』未来社
原田信男　二〇〇〇年「近世日本の医食同源思想―本草書・養生書・食物観―」安本教傳編『講座人間と環境6　食の倫理を問う―からだと環境の調和―』昭和堂

人見必大著、島田勇雄訳注　一九六七年『本朝食鑑1』東洋文庫、平凡社
柳田国男　一九五九年『故郷七十年』のじぎく文庫（のち一九八二年『定本柳田国男集　別巻三』筑摩書房）
矢野敬一　二〇〇七年『「家庭の味」の戦後民俗誌―主婦と団欒の時代―』青弓社
山下文男　二〇〇一年『昭和東北大凶作―娘身売りと欠食児童―』無明舎出版

食をめぐるハレとケ

新谷尚紀

1　対概念としてのハレとケ

ハレとケ　人びとの生活伝承の中に、祭りやお祝いの日など特別な日にはきれいな晴着《はれぎ》を着て食事も晴の膳《ぜん》でごちそうを食べる、その一方、ふだんの仕事や家事の日々には質素な普段着で質素な食事をする、という対照があることに注目して、ハレとケという分析概念を提示したのは柳田国男《やなぎたくにお》（柳田　一九三四・一九三六・一九四〇）であり、折口信夫《おりくちしのぶ》（折口　一九三六）であった。

ハレの粉食　柳田は、晴着や晴舞台という標準語に対して、九州の対馬《つしま》や五島《ごとう》や天草《あまくさ》などの島々に伝えられていた褻衣《けぎ》という普段着を意味する方言や、その他にも農家の自家食用の穀物を褻稲《けしね》と呼ぶ方言などをもとに、ハレとケという対概念《ついがいねん》を設定したのである。その柳田によれば、ハレとケを食事の上でいえば正式食事と普通食事ともいえるものだといい、ハレの食事は通例でないカワリモノなどと呼ばれる食べ物で、正月、盆《ぼん》、節供《せっく》などの共同飲食をその特徴とするという。

そして、食物のケとハレの差別は、材料の優劣ではなく、調整のためにかかる労力の量の多寡であり、米、麦、蕎麦《そば》いずれであってもそのままの粒食《りゅうしょく》よりも製粉の手間がかかる粉食《ふんしょく》がハレの食であり、たとえば炒《い》り粉《こ》はこしらえてすぐに食べねば味が悪くなるというのもハレの食の特徴であった。米の場合でも水に浸し柔らげて後に臼《うす》で粉に搗《つ》くネバシ搗き、つまり米の生粉の水練りが古くからの基本であり、それがシトギ（粢）である。その生シトギを神仏に供え、人間は煮シトギや蒸シトギにして食べる例も多い。

近世は石の挽臼《ひきうす》が普及して乾燥させた粒のままでも製粉が容易になったので、粉食の普及がめざましかった。その製粉と製麺の手間をかけた、うどんやそうめんやそば切りなどの麺類はそれこそハレの日の食事の典型例であり、ホウトウなどもその早い例であった。そうして、石臼などの挽臼が普及して乾燥した粉食が普及しても、その一方では、水に浸してからというネバシ搗きの方法が神仏に供えるハレの食の伝承の中にはいまなお残っている。古い方式と新しい方式とが併存し併行するというのが民俗伝承のよくあるあり方なのである。米のハレ食としては米の生粉の水練りのシトギが先であり、餅はあとから生まれたものであろう、と柳田は述べている。

折口信夫のハレとケ　折口信夫のハレとケも基本的に柳田と同じであるが、折口はとくに宮廷の生活様式と民間の生活様式を対比させながら、天皇の宮廷生活の中に、日常の生活のほかに神としてのあらたまった生活があったとして、そのあらたまったハレの生活が日常のケの生活の規範であったという。宮中のハレとケの生活が民間のわれわれの生活の典型となって、われわれの生活にも祭りの方式を摂りいれることが日常生活の刺戟となる、だからできるだけハレとケの生活様式を常に反復したいと思い、そのような方式を民間でも実生活化させてきたのだという。そして、そのハレの生活は、装束や衣装の場合にもよく見られるように、次第にケの生活の中に摂取されていくことになるという。

2　ハレの食事とケの食事

ハレからケへ　柳田国男《やなぎたくにお》と折口信夫《おりくちしのぶ》は、もとハレの食であったものがケの食の中に摂取されていくという動きに注目していたが、それは実生活の歴史の中で繰り返されてきている。かつて米の乏しい時代には米に麦や粟《あわ》、芋などを交えたものを常の食事としていた中にあっても、一年に何回かは米の飯を食べる日があり、それが正月、年越しのおせちをはじめとする季節ごとの祭日の食膳であったり、結婚の祝宴の食膳や葬式の御斎《おとき》の食膳であったりした。かつて葬式は米俵《こめだわら》が飛ぶように出て行くなどと語られたものである。米から醸造される酒も神事祭礼に不可欠なもので、おおぜいの人間が集まって行なわれる酒盛りや酒宴では酔いつぶれるほどの飲酒がむしろ作法であった。そのように米や酒は、かつては一年に一度か二度の、ハレの日だけ許されるものだったのが、都市を標準とする生活が始まってからは、自由に任せて毎日のように飲食されるようになり、どこにハレとケのけじめがあるのかもわからなくなってしまったという。

近世に入って食事にも次第に温かいもの、汁気の多いものが多くなり、賓客のもてなしでは、吸い物、あつ物を膳の上に添えることが歓待のしるしとされた。江戸、京、大坂をはじめとする都市での煮売屋《にうりや》、飲食店の出現は、ハレの食べ物をふつうに供することとなり、その店屋物の主たるものは、餅と団子、そして酒の肴《さかな》であった。それらの起こりは道中の茶屋《ちやや》からであり、旅の異郷人への接待だからそれはハレの食事であった。それが平常の生活の中にも持ち込まれたのであった。また、ハレの日の食事の比較的かんたんなものを、いつでも食いたいときに調製して食えるようにしたのが、小鍋《こなべ》と火鉢《ひばち》の普及であった。留守事《るすごと》といって主人の不在中に女性が珍しい食物をこしらえることは不貞であり、そのような小鍋好みははじめは悪徳だったのだが、それが久しからずに公然と、ケの生活の中に混じってしまったという。そして、そうした食物の個人主義を促したものが雑餉《ざつしょう》、即ち弁当であったという。

昭和一〇年代の日常食とごちそう　柳田が指導した民間伝承の会が、一九四一（昭和一六）、四二年に日本各地の食制習俗について調査を行なった「食習採集手帖」のデータが、成城大学民俗学研究所に保管されている。二〇一〇年代の現在ではもう聞き取り調査も現地調査も不可能になってしまっているそれらは貴重な歴史情報である。それが同研究所によって、一九九〇年（平成二）に『日本の食文化』（岩崎美術社）として刊行され、その一部が、表1「昭和一六・一七年当時の主食と副食品の種類」と、表2「昭和一六・一七年当時のハレの食品と御馳走」として整理されている（田中　一九九五）。

具体的な事実確認が追跡的にできないため、一定の傾向性と可能性というレベルでの解説にとどめざるを得ないが、いくつかの点が指摘できる。日常の主食と副食について気づくことは、第一に、米がおどろくほど広く各地で挙げられていることである。ただし、それらのほとんどは米はわずかで麦を多く混ぜた麦飯や、野菜などを加えたカテ飯《めし》であったろうと考えられ、その他にも馬鈴薯《ばれいしょ》や甘藷《かんしょ》、粟や稗《ひえ》、そして粟も多く各地で主食として食されていたことがわかる。第二に、副食は圧倒的に野菜中心で、味噌汁《みそしる》に漬物《つけもの》、煮しめという例が多く、魚類や肉類は地方によって少しは食べられてはいたがひじょうに少なかったようである。それに対して、ハレの食としては、第一に、餅と赤飯が圧倒的であったということ、第二に、うどんやそばの麺類、団子、寿司《すし》の類、ぼた餅など、柳田も指摘しているように、手間のかかったカワリモノがハレの食品であったことがわかる。なお、民俗学の視点からみた食生活の歴史についての必読の書ともいうべきものが、柳田の指導を受けて日本各地の民俗調査を行なって貴重な情報を蒐集《しゅうしゅう》した瀬川清子《せがわきよこ》の『食生活の歴史』（講談社、一九五六年）である。

宮座の神饌と直会の献立　ハレの食の特徴は、神事祭礼における食である、というのが柳田と折口

表1　昭和一六・一七年当時の主食と副食品の種類

地域＼内容	主食料の種類	主たる副食品の種類	備考
1. 北海道斜里町	米、麦、黍、馬鈴薯	野菜の煮つけ、漬物。魚時々	黍減少、米漸増
2. 岩手県船越村	米、麦、稗、粟、馬鈴薯、甘藷、とうもろこし	野菜煮つけ、海草煮つけ、焼魚、煮魚、おひたし、なます	明治末までは米にメノコ(海草類)も混炊
3. 岩手県附馬牛村	米、麦、粟、稗、馬鈴薯、かぼちゃ	豆類、漬物。一汁一菜多し	粟・稗のみの飯減少、米漸増
4. 岩手県立花村	米、麦、粟、稗、大根葉	漬物。稀には魚。一汁一菜多し	稗なくなり、粟減少。米漸増(漁村)
5. 宮城県大原村	米、麦、稗	魚、海草、野菜。汁と漬物のみのことも	稗、海草類なくなる。
6. 宮城県秋保村	米、麦、大根葉、そば、小麦粉、大根、藷など	漬物。味噌だけのことも	大根葉減少
7. 秋田県中川村他	米のみ	漬物、ひたしもの、あえもの	
8. 山形県谷地村	米、麦	味噌汁、漬物。一汁一菜多し	裕福な家では副食に魚肉も
9. 山形県溝延村	米、麦、大根	おひたし、煮つけ、あえもの等	
10. 福島県八幡村	米、麦、馬鈴薯、大根、はた芋	漬物、味噌汁	
11. 福島県滝根村	米、麦	漬物、味噌汁	かつては野菜などのカテ入れた
12. 福島県大浦村	米	味噌、漬物。魚も時々	
13. 栃木県久下田村	米、麦	野菜の煮つけ、漬物、味噌汁	昔から麦飯
14. 群馬県白沢村	米、麦、粟、稗	味噌汁、漬物、納豆、塩魚	

15. 東京府加住村	米、麦	野菜、漬物	米漸増
16. 東京府利島村	米、麦、甘藷	野菜、魚	かつては甘藷が主
17. 東京府新島若郷村	米、麦、甘藷	魚類、野菜、山菜	かつては甘藷が主
18. 東京府神津島	米、麦、粟、甘藷	味噌汁、漬物、魚、野菜の煮もの	かつては甘藷が主。黍も
19. 新潟県下海府村	米、麦、馬鈴薯、甘藷	漬物、汁、煮豆。時に魚も	かつては粟も
20. 新潟県粟島浦村	米、麦	汁、漬物、魚、煮つけ	米漸増
21. 新潟県山辺里村	米、そば、馬鈴薯、甘藷	汁、漬物、野菜の煮しめ、煮豆、魚	かつては麦、稗、粟、麦も
22. 新潟県金屋村	米、甘藷	漬物、汁、野菜のおひたし	明治時代には麦、粟、稗も
23. 富山県高岡市	米、麦、甘藷、馬鈴薯	味噌汁、味噌、漬物、煮物、焼物、酢の物、あえ物	かつてから米が主
24. 石川県館畑村	米、麦、そば	大根の煮染、味噌汁。時に魚も	
25. 山梨県日下部村	米、麦	汁、野菜の煮物、漬物、油味噌、魚、海草	昔はもろこし、麦多し
26. 長野県麻績村	米、麦	漬物。時に魚(鰯、干鱈等)も	米の量漸増
27. 長野県川上村	米、馬鈴薯	今は大根類。かつては味噌	明治中期までは米なく、そばが主。麦、粟、稗、大根も
28. 長野県北小谷村	米、麦、粟、稗	味噌汁。漬物。豆や野菜の煮物も	かつてはそばも、近年は米のみが多い
29. 長野県南穂高村	米、麦、粟	味噌汁、漬物	大正末から米が主に
30. 岐阜県奥明方村	米、麦、粟、稗、黍、甘藷、小豆	味噌汁、たまり汁、煮物、煮つけ、味噌	かつては稗が主。米漸増
31. 岐阜県下牧村	米、麦、甘藷、芋類、とうもろこし	朝は漬物と味噌	かつては稗が主。米漸増

地域＼内容	主食料の種類	主たる副食品の種類	備考
32. 岐阜県洲原村	米、麦、黍、粟、甘藷、里芋、とうもろこし、そば	材料は野菜・山菜類、魚、鳥獣肉	明治初期には稗、粟、米、麦常食
33. 静岡県都田村	米、麦、粟、黍、甘藷、馬鈴薯、里芋、そば、とうもろこし	醬油の搾りかす、味噌、漬物	かつては稗、粟が主
34. 愛知県池野村	米、麦、粟、稗	野菜の煮物、漬物、味噌	かつては雑穀の量多し
35. 愛知県岩倉町	米、麦、稗	野菜の煮物、漬物、味噌	大正末から米、麦が主に
36. 愛知県味岡村	米、麦。収穫時には甘藷も	味噌、鰹だまり、漬物、梅干、胡麻塩等のうち一品が主。	かつてはそばも多し
37. 愛知県豊橋市	米、麦	汁、味噌、漬物	
38. 愛知県神戸村	米、麦	野菜、魚、なっと味噌、漬物	明治後期までは粟、稗も
39. 三重県員弁町	米、麦	煮物、漬物	麦減り米増加。明治期には粟も
40. 滋賀県神照村他	米、麦(少量)	漬物。少しの魚、乾物、野菜料理も	明治中期には米麦半々
41. 京都府木津村	米、麦、甘藷、大根	漬物、塩昆布、汁、味噌、あえもの	米のみになりつつある
42. 京都府静市野村	米、麦	野菜の煮物、漬物	
43. 奈良県下田村	米、麦	材料は魚介・肉・野菜、汁	米のみの家多くなった
44. 奈良県初瀬村	米、麦		政府の達しで麦を
45. 奈良県野迫川村	米。時には南蛮黍も	漬物、野菜の煮つけ、味噌汁、豆腐	配給で麦や外米も
46. 和歌山県花園村	米	味噌汁、漬物、梅干	かつては麦が主

47. 鳥取県酒津村	米、麦、甘藷	漬物、味噌、魚、海草、野菜	かつては麦、甘藷、海草
48. 島根県伊波村出原村	米。時に麦も	煮しめ、ひたしもの、煮豆、漬物、なます	明治期には米に大根、甘藷、麦を多く混炊
49. 島根県日原村	米、麦	味噌、漬物、煮しめ、汁、ひたし、なます	明治期には米少量。麦、稗、粟、豆、とうきび、栗、栃など。
50. 岡山県平川村	米、麦	味噌汁、漬物、味噌、煮物、大根おろし、あえもの	明治期までは麦、粟、黍多し
51. 岡山県日里村	米、麦、甘藷	漬物、味噌	かつては米少量、麦多量。粟、稗、黍も
52. 岡山県宇戸村	米、麦、甘藷、かぼちゃ	漬物、野菜	かつては粟、黍も
53. 徳島県下分上山村神領村	米、麦、粟、甘藷	漬物、野菜の煮つけ、味噌汁	大正時代以前は麦のみの家多し
54. 香川県高見島村	米、麦、甘藷	味噌汁、野菜の煮つけ、漬物	配給で米の量増加
55. 長崎県・対馬	米、麦	味噌汁、漬物、味噌、焼魚、煮つけ	米漸増
56. 長崎県・壱岐	米、麦、粟、甘藷、そら豆、えんどう	汁、醤油の実、漬物、味噌、魚、あえもの	明治までは麦粟混炊が主
57. 熊本県久連子村	米、麦、粟、とうきび、甘藷、里芋	味噌汁、漬物、味噌	昔も今も稗、小豆、そば、粟が主
58. 沖縄県糸満町	米、芋、粟	魚類、野菜類、こんにゃく、豆腐	芋が主、米漸増

注 ①成城大学民俗学研究所編『日本の食文化』より作成。
②地域は市町村以下の大字などは省略。

表2　昭和一六・一七年当時のハレの食品と御馳走

地域　内容	ハレの代表的食品	御馳走としている代表的食べ物	一生での最大御馳走時
1. 北海道斜里町	餅、赤飯	餅	婚礼
2. 岩手県船越村	餅、赤飯、強飯、ハットウ、煮しめ、なます	餡餅、強飯、ハットウ、煮しめ、なます	婚礼
3. 岩手県附馬牛村	餅、赤飯、醬油飯	餅、酒	婚礼
4. 岩手県立花村	餅、赤飯、飯、粥、酒、魚	酒、魚(鯉・鮭)	年越、婚礼、出征
5. 宮城県大原村	餅、赤飯、粥、団子		
6. 宮城県秋保村	餅、強飯、五目飯、団子	餅、団子、砂糖味のもの	
7. 秋田県中川村他	餅、赤飯、団子、煮物、なます	餅	婚礼
8. 山形県谷地村	餅、小豆飯、棒鱈、昆布巻	餅	婚礼、年祝い
9. 山形県溝延村	餅、団子、棒鱈、昆布巻、煮物		
10. 福島県八幡村	餅、団子	餅、酒	婚礼
11. 福島県滝根村	餅、赤飯、粥、団子、うどん	餅、酒	婚礼、年祝い、法事、葬式、出征
12. 福島県大浦村		餅、白い飯	婚礼
13. 栃木県久下田村	餅、赤飯、五目飯、煮物、魚	魚類	婚礼
14. 群馬県白沢村	餅、赤飯	鮎飯、椎茸飯、鳥そば	婚礼
15. 東京府加住村	赤飯、うどん、そば、五目飯	寿司、うどん、そば、赤飯、五目飯	婚礼、稲荷講
16. 東京府利島村		じょろ麺(米粉・山芋)、刺身	婚礼、新築祝い

17. 東京府新島若郷村			
18. 東京府神津島	赤飯、餅、団子	米の飯、近年は東京風のもの	
19. 新潟県下海府村	餅、団子、赤飯、とろろ飯、醤油飯	餅、うどん、五目寿司	婚礼、年祝い
20. 新潟県粟島浦村	赤飯、刺身、煮魚、焼魚、酢の物	鯛料理	婚礼、年祝い、祭り
21. 新潟県山辺里村	赤飯、とろろ飯、椎茸飯、五目寿司	餅	婚礼
22. 新潟県金屋村	赤飯、栗強飯、茸飯、五目飯	餅。時季のもの	婚礼
23. 富山県高岡市	赤飯、尾頭つき魚の塩焼		
24. 石川県館畑村	餅、赤飯、団子、索麺、寿司	餅	婚礼後、初の嫁の里での聟接待
25. 山梨県日下部村			
26. 長野県麻績村	赤飯、寄物、茸、豆腐、肉類(鶏肉)	酒、そば(雉の汁)、魚(刺身、鯉)	婚礼、出征、年始、年越
27. 長野県川上村	強飯、そば・うどん(長芋入る)	餅、強飯、そば	婚礼
28. 長野県北小谷村	餅、赤飯、うどん、芋汁	赤飯、餅、芋汁	婚礼
29. 長野県南穂高村	赤飯、餅、うどん、イゴ	赤飯、餅	婚礼
30. 岐阜県奥明方村	赤飯、餅、鰊寿司、五目寿司、混ぜ飯	(祝儀・不祝儀・正月の食物)	婚礼
31. 岐阜県下牧村	餅、赤飯、粥、寿司、茶飯、けんちん汁	茶碗蒸し、鯉の味噌汁	婚礼、年祝い、葬儀、法事
32. 岐阜県洲原村	餅、強飯、ぼた餅、寿司、粥	五目飯、強飯	婚礼(魚、鶏肉、卵等)
33. 静岡県都田村	赤飯、餅、白飯、ぼた餅、焼魚、五目飯、団子	五目飯、寿司、汁粉	婚礼

地域 ＼ 内容	ハレの代表的食品	御馳走としている代表的食べ物	一生での最大御馳走時
34. 愛知県池野村	赤飯、餅、うどん、寿司	鶏肉のすき焼き、鯛	婚礼、年祝い
35. 愛知県岩倉町	餅、うどん、寿司、ぼた餅		婚礼
36. 愛知県味岡村	餅、強飯、寿司、煮物	餅、ぼた餅、茶碗蒸し、獣・鶏肉料理	婚礼、年祝い
37. 愛知県豊橋市	白い飯、五目飯、たまり飯、なます	餅、寿司、甘酒	婚礼
38. 愛知県神戸村	餅、赤飯、豆飯、ぼた餅、寿司		婚礼、厄年
39. 三重県員弁町	赤飯、小豆飯、寿司、三杯酢、むしり魚		
40. 滋賀県神照村他	赤飯、団子	鶏肉、鮒のつくり	婚礼、誕生祝い
41. 京都府木津村	強飯、餅、ぼた餅、粥、寿司、油煮	餅、寿司、強飯、茶碗蒸し、刺身、肉飯	婚礼
42. 京都府静市野村	餅、寿司、魚、鶏肉	鶏肉のすき焼き、鯛料理	婚礼、若者入り
43. 奈良県下田村	小豆飯	すきやき(婚礼の食べ物)	婚礼、出征、還暦の祝い
44. 奈良県初瀬村	餅、ぼた餅、粥		
45. 奈良県野迫川村			
46. 和歌山県花園村	餅、寿司、豆腐、こんにゃく	ぼた餅、五目飯	婚礼、年祝い
47. 鳥取県酒津村	餅(餡餅)	ふぐのジャブ、鯛のチリ	婚礼
48. 島根県伊波村出原村	赤飯、餅、団子	鯛の刺身、寿司、茶碗蒸し	婚礼
49. 島根県日原村			

50. 岡山県平川村	餅、団子、寿司、粥、小豆飯、甘酒	(膳組み)、鳥・牛肉すきやき、上等の魚	婚礼、祭り
51. 岡山県日里村	餅、寿司、うどん、そば、刺身、吸物		婚礼
52. 岡山県宇戸村	赤飯、餅、ぼた餅、寿司、うどん、甘酒	寿司、鯛の刺身、うしお汁、煮魚	婚礼、年祝い
53. 徳島県下分上山村神領村	餅、赤飯、寿司、団子	米の飯に鯛	婚礼
54. 香川県高見島村	ささげ飯、寿司、甘酒、団子	肉類、卵、生魚	新築祝い、婚礼、厄年
55. 長崎県・対馬	赤飯、餅、団子	鶏のいりやき、そば、餅	婚礼、元服、カネツケ、還暦
56. 長崎県・壱岐	餅、赤飯、団子、甘酒、なます	生魚、米の飯、餅、鶏肉の煮込み	婚礼、ドーブレー
57. 熊本県久連子村	豆腐の料理、油揚げ、煮しめ、粢	豆腐の料理、油揚げ、こんにゃく、魚	婚礼、出征
58. 沖縄県糸満町	餅、飯、豆腐汁、煮しめ(豚肉・豆腐)	肉・卵の吸物	年祝い

注 ①成城大学民俗学研究所編『日本の食文化』より作成。
②地域は市町村以下の大字などは省略。
③空白の部分は、記述がなされていないからである。

の指摘であった。そこで、具体的な民俗伝承の事例を見てみよう。奈良市奈良坂の奈良豆比古《ならつひこ》神社《じんじゃ》の宮座《みやざ》の年中行事における神饌《しんせん》と直会《なおらい》の献立である(関沢 二〇〇五)。宮座というのは、多く近畿地方の村落の氏神の神社の祭祀組織として形成されてきているものであり、村人たちがその座員となって、順番に当屋《とうや》などと呼ばれる神祭りの役が回ってきて一年ずつ勤める仕組みとなっており、古くからの

表3　宮座保存会年中行事(奈良県奈良豆比古神社)

月　　日	名　　称	神　　饌	直会献立
1月20〜25日までの日曜日	弓始め	大根2本　人参2本　ごぼう2本　リンゴ2個　みかん3個　スルメ1枚　昆布1枚　大昆布1枚　塩鮭2尾　白米	赤飯　仕出折詰　豆腐汁　鮭の切身　漬物
2月18日	祈年祭	大根7本　人参7本　ごぼう7本　リンゴ9個　みかん15個　スルメ4枚　昆布4枚　白米	赤飯　仕出折詰　豆腐汁　漬物
3月3日	＊御祈禱	大根2本　人参2本　ごぼう2本　リンゴ3個　みかん3個　スルメ1枚　昆布1枚　白米	すし盛合せ　豆腐汁
4月3日	草餅祭	大根7本　人参7本　ごぼう7本　山の芋4個　百合根4個　リンゴ9個　みかん15個　筍4kg　スルメ4枚　昆布4枚　白米	すし盛合せ　豆腐汁　草餅
6月5日	菖蒲祭	大根7本　人参7本　ごぼう7本　じゃが芋2kg　えんどう豆2kg　はちく4kg　スルメ4枚　昆布4枚　白米	すし盛合せ　豆腐汁　ちまき
7月1日	李　祭	大根7本　人参7本　ごぼう7本　なす10個　三度豆2kg　じゃが芋2kg　李80個　南瓜3個　スルメ4枚　昆布4枚　白米	すし盛合せ　豆腐汁　李
7月5日	＊虫供養	盛物少々　白米5合　蠟燭大3本・小1本	パン
7月12〜18日	花摘祭	(初日のみ)大根2本　人参2本　ごぼう2本　じゃが芋大3個　胡瓜3本　なす・三度豆少々　スルメ1枚　昆布1枚　白米	(初日)酒　赤飯　豆腐すまし汁　仕出折詰(以下略)
8月7日	七夕祭	大根7本　人参7本　ごぼう7本　じゃが芋3kg　南瓜3個　なす10個　胡瓜10本　トマト10個　さつま芋10個　スルメ4枚　昆布4枚　白米　ほおずき	すし盛合せ　豆腐汁　冷しソウメン　まくわ
10月8日	宵　宮		パン
10月9日	例　祭	大根20本　人参20本　ごぼう20本　松茸600g　百合根40個　山の芋10個　枝豆	生御膳(神膳を分配したもの)　相撲の餅

		10 kg　ざくろ　矢生姜4 kg　鯉3匹　スルメ4枚　昆布4枚　白米	
10月20～25日までの日曜日	秋の間	大根2本　人参2本　ごぼう2本　松茸60 g　百合根3個　山の芋1個　枝豆3本　スルメ1枚　昆布1枚　白米	すし盛合せ　豆腐汁
11月16日	＊十六羅漢	大根2本　人参2本　ごぼう2本　みかん15個　バナナ6本　パン2個　スルメ1枚　昆布1枚　白米	すし盛合せ　豆腐汁　水菜おひたし
11月26日	新嘗祭	大根2本　人参2本　ごぼう2本　じゃが芋3 kg　みかん15個　スルメ4枚　昆布4枚　白米	赤飯　仕出折詰　豆腐汁　白酒
12月12日	献芋祭	大根7本　人参7本　ごぼう7本　みかん15個　スルメ4枚　昆布4枚　白米	すし盛合せ　豆腐汁　ごぼうと里芋のごまがけ

注　＊印は、昔、神社境内にあった善城寺で行っていたが廃寺になった後、神社南側にある西福寺で行っている行事。

伝統的な行事がよく伝えられているものである。

神饌には、白米はつきもので、その他、大根、人参《にんじん》、ごぼう、スルメ、昆布などがこの事例では特徴的である。年始の弓始《ゆみはじ》めの塩鮭《しおざけ》と一〇月の例祭の鯛《たい》のように、年に二回は魚類もつき、その他に果物類も見られる。一方、直会の献立は、赤飯かすし盛合せに豆腐汁が定番となっている。ただし、この豆腐汁は簡略化の結果であり、もともとは神事で供えられていた生の神饌を下げてから、調理をして宮座の直会に供していたのであったが、たいへん手間がかかるために、豆腐汁に出汁《だし》を注ぐだけに簡略化したのだという。直会はやはり神饌撤下による神人共食《しんじんきょうしょく》というかたちが基本であったことがわかる。そして、このような事例から考えられるのは、それぞれの神社や宮座の神事儀礼が歴史的に編成されてきた中で、祭りや神事の大切な記憶の原点として位置づけられている食材と調理とが、これらのハレの食膳であり献立となっているのであろう、ということである。

現代の食生活 かつて、ハレの食の典型例であったのは、このように白米や米から造られる餅や酒、それに鯛をはじめとする高級魚からなる神饌類であった。しかし、現代の食生活の中では、すでに米は日常食となっており、飲酒も晩酌などで日常的となっている。魚の刺身や焼き魚や煮魚も通常の食卓にのぼっている。それは、ハレのケ化という動きを示している例といってよかろう。では、現代の私たちの食生活のなかで、食のハレとケというのは、どのようにとらえたらよいのだろうか。

ケは日常の食であるとすれば、平均的に見て、朝食は和食系でご飯に味噌汁に日本茶か、洋食系でパンにミルク・紅茶・コーヒーかに分かれる。昼食も和食系か洋食系かに分かれ、外食ならば食堂系か弁当系かに分かれ、食堂系ならそばやうどんやラーメンなど麺類系か、おかずにご飯系か、弁当系なら弁当箱系かおにぎり系かサンドイッチなどパン系かに分かれる。夕食は自宅でご飯は共通しながら、おかずに和食系か洋食系か、であろうが、いずれにしてもおかずは野菜類に魚系か肉系か、というかたちが考えられる。概して、個々人の好みや家族の成員の好みによって同じような献立が繰り返されていることであろう。

それに対して、現代社会におけるハレの食とは何か、それは、第一には神事祭礼における宴席での料理、第二には寺院の法会《ほうえ》や法事における宴席での料理、第三には正月や盆《ぼん》やその他の節供《せっく》での食膳や行事食、第四には結婚や葬式や成人祝いや長寿祝いなどの宴席での料理、第五には会社や役所や学校などでの祝い事の宴席での料理、などであろう。そこでも和食系か洋食系かに分かれているであろうが、いずれもふだんの食べ物ではなく、ごちそうと呼べるものである。

3　おせち料理にみるハレの食

おせち料理の伝承と変遷　ここで、ハレの食の代表例として正月のおせち料理の伝承と変遷について紹介しておこう。神社や宮座のハレの食が伝統的であり固定的であるのに対して、民間のハレの食は変化しやすいというのが特徴である。たとえば、現在のおせち料理といえば、重箱詰《じゅうばこづ》めで、上から一の重、二の重、三の重、多い例では与《よ》の重までついている。一の重は三《み》つ肴《ざかな》と呼ばれる黒豆に数の子、それに関西ではたたき牛蒡《ごぼう》、関東では田作りと、口取《くちと》りと呼ばれる色鮮やかな紅白の蒲鉾《かまぼこ》や昆布巻きや栗きんとんや伊達《だて》巻きなど酒の肴のたぐいである。二の重は焼き物や酢の物で、ブリや鯛《たい》や海老《び》やイカに紅白なますや酢だこなどである。三の重は煮物で、里芋やクワイ、人参《にんじん》、こんにゃく、筍《たけのこ》など野菜の煮物が中心である。与の重まである場合には、少しずつずれてそこに煮物や酢の物や魚介類が入ることもある。ただし、このような組み合わせは都会風の一例であり、実は地域ごとに家ごとにさまざまなちがいがある。

なぜなら、おせち料理の組重《くみじゅう》というのは、日本を代表する正月の伝統料理のように思えるかもしれないが、まだその歴史は浅いものだからである。江戸時代中期の太田《おおた》全斎《ぜんさい》（一七五九―一八二九）という備後《びんご》福山《ふくやま》藩士の儒学者が編集した辞書『俚言集覧《りげんしゅうらん》』には、「せち、節日の食膳《しょくぜん》を節供と云を略せる也、俗にオセチと云」と記されている。つまり、おせちはもともと「御節」で正月や五節供《ごせっく》（一月七日の人日《じんじつ》・三月三日の上巳《じょうし》・五月五日の端午《たんご》・七月七日の七夕《たなばた》・九月九日の重陽《ちょうよう》）などの節日に神に供える食膳の御節供の略であった。まだそのころは正月のお祝い料理の意味に限定されてはいなかったようである。江戸時代前期の一六八七年（貞享四）刊の貝原益軒《かいばらえきけん》と甥好古《よしふる》の編になる『日本歳時記《にほんさいじき》』には、正月の食べ物で雑煮《ぞうに》や屠蘇《とそ》や鏡餅のことは書かれているが、組重のおせち料理のことはまったく書かれていない。まだそのころには現在のようなおせち料理も重箱もなかったらしい。

しかし、江戸時代後期の文化年間（一八〇四―一八）になると、幕府の儒官であった屋代《や》弘賢《しろひろかた》らが行なったアンケート調査、「諸国風俗問状《しょこくふうぞくといじょう》」では、組重のことが質問されている。「組重の事、数の子、田作、たたき牛蒡、煮豆等通例。其外何様《そのほかいかよう》の品候哉《しなそうろうや》」とある。江戸の組重は、数の子、田作り、たたき牛蒡、煮豆が通例であったことがわかる。この組重についての質問に答えた、北は陸奥《むつ》国から南は肥後《ひご》国までの一五件の報告によると、江戸と同じ組み合わせだという例が多いことがわかる。そして、それに加えて、たとえば秋田ではハタハタ、越後《えちご》では塩引《しおび》き鮭《ざけ》と漬蕨《つけわらび》の煮しめ、肥後天草《あまくさ》では鰹節《かつおぶし》とするめなど、地域の特産物があげられている。おもしろいことに、越後長岡藩領の答書で「漬けたる蕨を煮染《にし》めて出すを佳例とするも侍《はべ》り。是は笑《わらひ》といふに言葉に似たれば、目出度事《めでたきこと》に用ひてよき名なりとてかくし侍るとぞ」といっている。蕨は越後の山菜としていまもたくさん採れる山の恵みでたいへんおいしく貴重な食材なのだが、それを「笑い」という言葉にかけて縁起のよい料理に見立てているのである。むかしもいまも正月の料理は何かにつけて縁起をかつぐという伝統は変わりないようである。

蓬莱と喰積　このように江戸後期以降に流行していったと思われる正月の組重なのだが、実はこの組重とおせち料理とはもともとは別のものであった。おせち料理の源流を考える上で参考になるのは、上方の「蓬莱《ほうらい》」と江戸の「喰積《くいつみ》」である。いずれも正月の年賀の飾り物である。一八五三年（嘉永六）成立の喜多川守貞《きたがわもりさだ》の『守貞謾稿《もりさだまんこう》』には、「今世は、三都とも蓬莱同制なれども、京坂にては蓬莱と云ふ。あるひは俗に宝来の字を用ふるもあり。江戸にては蓬莱と云はず、喰積と云ふ。くひつみと訓ず。その制は、三方に中央松竹梅、けだし真物なり。造り花にはあらず。三方一面に白米を敷くもあり。その上に橙《だいだい》一つ、蜜柑《みかん》、橘《たちばな》、榧《かや》、搗栗《かちぐり》、草薢《ところ》、ほんだわら、串柿、昆布、伊勢海老等を積む。注連《しめ》縄《なわ》の飾りと同物なれども、池田炭はなし。裏白《うらじろ》、ゆづる葉、野老《ところ》、神馬藻《ほんだわら》を必ず置く。蓬莱、京坂にては正月、床の間の飾り物のごとく、置き居へしまままなり。江戸の喰積は、正月初めて来る客には、必ずまづこれを出す。客もいささかこれを受くの一揖《いちゆう》すれば、元の処に居へ置くなり」とある。

つまり、京坂では蓬莱といい、江戸では喰積といって、三方の中央に松竹梅を飾り、白米・橙・勝栗・干柿・ほんだわら・ゆずり葉・昆布・伊勢海老などを盛り付けたものであったが、上方の京坂の蓬萊は飾っておくもので、江戸の喰積は来客が一口食べて祝うものであったというのである。

一六八八年（貞享五）刊の井《い》原《はら》西鶴《さいかく》の『日《に》本永代蔵《ほんえいたいぐら》』巻四には、その絵を載せながら「春の物とて是非調《ととの》へて、蓬萊を餝《かざ》りける」とある。一方、江戸の喰積は正月の年賀の来客がそれをつまんで一口食べるもので、一七七六年（安永五）刊の川柳集『柳多留《やなぎだる》』一一編には「喰いつみを三十日に喰ってしかられる」という川柳もみられる。

喰積とおせち　『守貞謾稿』より少し時代が早い一八三六年（天保七）刊の『万家日用惣菜俎』には、正月の料理には正月節料理と年始重詰との両者があり、節料理は汁（つみいれ・いてう大根）、平（にんじん・ごぼう等）、膾《なます》、皿（塩引鮭）、焚き干しめし、香《こう》の物だといい、一方、重詰には初重（かずのこ）、二重（ごまあへ・たたき牛蒡）、三重（鮒《ふな》昆布巻き）、四重（黒煮豆）以下さまざまがあると書かれている。つまり、節料理と重詰とは別であったことがわかる。前述の文化年間（一八〇四―一八）の「諸国風俗問状」では組重のことが質問されていたが、それは現在のおせち料理のことではなくて、祝い肴の喰積のことだったようである。このような祝い肴の重詰を喰積と呼ぶ例は明治になっても見られる。一九〇一年（明治三四）刊の平出《ひらで》鏗二《こうじ》郎《ろう》『東京風俗志《とうきょうふうぞくし》』中巻にも、「また、御《お》節《せち》と称《とな》へて、蘿蔔《だいこん》、胡蘿蔔《にんじん》、八《や》ツ頭《がしら》、牛蒡、蒟蒻《こんにゃく》、焼豆腐、青昆布、䱘《ごまめ》など、雑々に煮たるものを啖《く》ひ、塩引きの鮭を膳に供ふるを習ひとす。その他、食積とて鯑《かず》の子《こ》、煮豆、昆布巻、䱘、たたき牛蒡などを煮、重箱に詰めて備へ、膳の物にもし、年賀の客にも進む」とある。

つまり、元日には「御節」といって大根・にんじん・八つ頭・牛蒡・こんにゃく・焼き豆腐・青昆布・ごまめなどを煮たものを食べ、塩引きの鮭を食膳に出すのが通例で、その他に「喰積」といって、鰊の子・煮豆・昆布巻・ごまめ・たたき牛蒡などを重箱に詰めておいて、食べたり、年賀の客にすすめたりするというのである。

近代以降のおせち　おせちというのは、もともと重詰ではなく、正月の膳だったのである。それなのに、現在の私たちは、むかしの人たちが喰積と呼んでいた祝い肴の重詰のことをおせち料理と呼ぶようになっているのである。その変化が起きたのは、近代の大正・昭和になってからである。それをリードしたものの一つは、雑誌『婦人之友』（創刊は羽仁《はに》吉一《よしかず》夫妻による一九〇三年〈明治三六〉『家庭の友』）など大都市圏の主婦層へ向けての情報発信であった。たとえば、『婦人の友』の一九一八年（大正七）一月号には「新春家事絵巻」のカラーイラストで、上方風の重詰料理として一の重に口取り、二の重に煮物、三の重に酢の物が描かれている。こうした都市の知識階級からの雑誌

図　おせちの重詰のイラスト（『婦人之友』1918年1月号より）

や新聞などメディアを通じての情報発信が、やがて日本各地の正月料理の変化へと影響を与えていったものと思われるのである。

おせち料理と縁起物　正月のおせち料理といえば、いまでも縁起かつぎのフルバージョンである。多産と子孫繁盛の意味の数の子、豊年満作の意味の田作り、根深く根強い生命力を示すたたき牛蒡、まめに健康にという意味の煮豆、いずれもめでたい縁起のよい食べ物である。先に紹介したように、数の子、田作り、たたき牛蒡、煮豆という江戸の組重のバージョンが、「諸国風俗問状」の答書でも日本各地で共通していたということは、逆にそれらが地域ごとに自生のものではなく、江戸の都市文化が参勤交代や年貢輸送など交通運輸の活発化の中で、日本各地に広まっていったのではないかということを想定させる。そのような組重があらためておせち料理として、明治、大正、昭和の近代に入るとさらに交通運輸の発展や商業活動の活発化、そして先の婦人雑誌などマスコミの影響もあってさまざまな要素を取り込みながら、まさに日本の伝統的な正月料理としての位置を占めていくこととなったのである。

そして、戦後の高度経済成長期（一九五五〈昭和三〇〉—七三年）は、新たに魚介類や野菜や果物などさまざまな生鮮食品の流通の拡大を実現させ、地域や階層を越えて正月のおせち料理が広く豊かな食文化として享受できるようになっていく画期でもあった。めでたいの鯛、長寿にあやかる海老、子孫繁盛の里芋、長い芽が出てめでたいクワイ、すくすく伸びる筍、先を見通すレンコンなど、めでたい食べ物尽くしのおせち料理が完成していったのである。しかし、二〇一〇年代となった最近では、刺身やウニやイクラやキャビアなどのほか、フォアグラのパテやローストビーフ、鴨肉や牛肉や豚肉などの燻製や生ハムなども好まれるようになってきており、さらには「洋食おせち」や「中華おせち」も登場してきている。そのような動きはとくに二〇〇〇年ころを境に急速な普及を見せてきているものであり、京都や東京など伝統を誇る老舗高級料亭とデパートとが組んだ高級おせち料理商戦の一大キャンペーンによって起こってきている現象である。その特徴は、高級食材と美食グルメという点にある。

変化するハレのおせち　ふだんからおいしい食べ物を食べていながらも、正月だけはとくに高級な、そして伝統のあるおせち料理を家族みんなで味わいたい、という現代人の欲求がそのブームを支えている。そして、料亭とデパートなど業者の側もせいいっぱいそれに答えようとしているのが現状である。そこから縁起のよい食材、縁起のよいめでたい料理という意味が消えていくのか、それともキャビアも子だくさんで子孫繁盛、ローストビーフも牛の粘り強さ、のようにかたちを変え新たな意味を付けられながら残っていくのか、それをゆっくりと観察していくのも民俗伝承学のしごとの一つである。正月行事というような伝承文化を観察していると、正月のもつ根本的な旧年から新年への「リセット」やそれに当たっての「縁起かつぎ」という変化しにくい意味と、大きな変化を積み重ねてきている「おせち料理」のような対照的な両者があることに気づく。まさに、ハレとケの食文化は、歴史学が捉える時代ごとのいわば静止画とは別に、民俗伝承学が捉える民俗の伝承と変遷の中では、いわば連続動画としての歴史を刻んでいるのである。

参考文献

折口信夫　一九三六年「宮廷と民間」『国本』第一六巻第一号（のち一九九六年『折口信夫全集一七』中央公論社）
新谷尚紀・関沢まゆみ編　二〇一三年『民俗小事典　食』吉川弘文館
瀬川清子　一九五六年『食生活の歴史』講談社
関沢まゆみ　二〇〇五年「宮座の年齢秩序と「年齢の輪」」『宮座と墓制の歴史民俗』吉川弘文館
田中宣一　一九九五年「〝御馳走〟と食文化」『食の昭和文化史』おうふう
柳田国男　一九三四年（一九三八）「餅と臼と擂鉢」『木綿以前の事』創元社（のち一九六二年『定本柳田国男集　第一四巻』筑摩書房）
一九三六年（一九四〇）「食制の研究」『食物と心臓』創元社（のち一九六二年『定本柳田国男集　第一四巻』筑摩書房）
一九四〇年「米の力」『食物と心臓』同前

饗宴と共食

渡邉欣雄

1　宴の語義を求めて

「ウタゲ」の語義　本章のメインテーマである「饗宴《きょうえん》」とは文字どおり「客をもてなすための宴」なのだが、ここでは広く「宴（うたげ）」や「宴会」と区別しないで用いることにしたい。また「共食」も、これら一連の宴に伴う食事の集いだとして取り上げることにしたい。

宴について古くから関心を抱き、さまざまな学説を唱えてきたのは日本民俗学であった。この学問は日本人の身近な生活について疑問を発し、「なぜだろう、なぜかしら」という日ごろの生活上の疑問を全国的に聞き取り調査し、それらのデータにもとづいてその意味と行為や観念などの由来を探る学問だった。一九三四年（昭和九）から三九年にかけて郷土生活研究所が行った全国各地の山村・漁村の人々の生活上の方言（民俗語彙《ごい》）の調査が代表例であろう。当時は、このような組織的な民俗語彙調査だけでなく生活上の方言を集めて、民俗学者個々人が日本文化のほんとうの意味（本義）や本来の風俗習慣を探ることを盛んに行っていた。

その一つとして、ここに紹介しようとする「宴」に関する民俗語彙の研究があった。それでは「宴」という語の元となっている、「ウタゲ」の語義に関する研究をまず紹介したい。

礼拝としてのウチアゲ

折口信夫《おりくちしのぶ》の研究で学界の注目を集め後世に深い影響を与えた論文に、「常世及び『まれびと』」がある。彼はこの論文のなかで近世以降「客《きやく》」なる言葉が濫用され、その訓読みである「まれびと」や「まろうど」の語義も大きく変化してしまったことに端を発して、「まれびと」、「まろうど」の元来の意味に表された日本古代の生活を復元しようとした。

折口にしたがえば、そもそも「まれびと」とは、こんにち俗称される「客《きやく》」ではなく、「常世《とこよ》」から時を定めて来訪する「神」を指す語だった。「まれびと」が「神」だった時代に遡ってこれを考えるために、彼は平安朝以後近世に至る「賓客《ひんきやく》 饗応《きようおう》」の習俗、すなわちどのように上客をもてなし接待していたのかという習俗を復元しようとした（折口 一九二九）。例に挙げたのは平安時代の「大饗《おおあえ》」と名づけられ饗宴に際して行われた、「まろうど」（上客）の「門入り」の儀式だった。平安時代の定期または臨時に行われた王朝の大饗宴であり、倉林正次によれば、この「大饗」には大臣家でなされる大饗《たいきよう》である「大臣大饗」と、皇后・皇太子の元でなされる「二宮《にぐう》の大饗」があったとされる（倉林一九七五)。

これら王朝の饗宴のなかでいちばん代表的で華やかだったのが「大臣大饗」であり、これにも大臣に任ぜられたときに臨時に行われた「任大臣の大饗」と、毎年正月に行っていた「正月の大饗」とがあった。饗宴の行われる場所は後者の場合、大臣の邸宅の正殿たる寝殿《しんでん》だが、前者のときには寝殿の側らの建物である南廂《みなみびさし》が充てられた。折口にしたがえば、この「大饗」のように食事を主体とする饗宴には、ことごとく正客を「尊者」と称え、尊者が来臨するにあたって「門入り」の式があり、やがて尊者が食堂《じきどう》の正席につくと、列座の衆がそろって「拍手」するのが本式だったという(折口 一九二九)。

ウタゲとはこの「拍手」の習慣、すなわち「拍ち上げ」(ウチアゲ)だったと折口はいう。ただし饗宴の席で参席者たちが「拍手」するというのは、酒宴の興に乗って拍手することではない。「拍ち上げ」とは「宴が始まって後の手拍子を斥《さ》すのではなく、宴に先だっての礼拝を言う語」(折口 一九二九)だった(以下引用した表現は現代仮名づかいにする)。すなわちウタゲとは元来、尊者である「まれびと」を列座の衆が、あたかも神を拝むように「礼拝する」ことをいうのであり、それこそがウタゲの本義だったというのである。

折口説にもとづけば、「大饗」にはまず主客が交歓すべき饗膳《きょうぜん》が整えられていなければならない。酒食は「拍ち上げ」の行われる宴には欠かせないのである。そして次に、神であり「まれびと」であるところの尊者、あるいは今日濫用されているという「客」としての人間をも含めて、なべて宴には正客が存在しなければならない。とくに後者こそ折口の示唆するところ大であった。

続けて折口は「礼拝」を意味の中心としたウタゲが、その後時代を経るにつれて饗宴全体を表し、ついには饗宴の主要部と考えられるようになる「酒宴」を指すように推移したとする（折口　一九二九）。今日「宴」をして「ウタゲ」と訓ずるのも然り、「サカモリ」と訓ずるのも然りだが、宴の語義としての中心的な意味は、そこに共食物としての「饗膳」が必要なこと、主客の人間関係が存在することの二点において、後世まで変化はなかったのではないかと考えたい。

初聟入りとしてのウチアゲ　「まれびと」を論じた同じ論文のなかで、「礼拝としてのウタゲ」とは別に、折口は「おめでたごとと同じ系統の聟《むこい》入りをウチャゲ（宇茶下）と美濃国で称えていたと言うのは、疑いもなく拍上《うた》げである」（折口　一九二九）と述べている箇所がある。これは聟入りの儀式のときに行われる饗宴を指すのではなく、折口によれば「聟が舅《しゅうと》を礼拝する義」だったという。

じっさい近畿以東では、「初聟入り」のことを「ウチアゲ」と称する地方があるといわれる（今村　一九七八）。この地方では婚姻儀礼のなかに「ウチアゲの儀」があり、この「ウチアゲの儀」から聟入り婚のかつての習俗、すなわち「遺習」を発見しようとしたのが、「打ち明け」説による柳田国男《やなぎたくにお》の主張だった。「打ち明け」とは、いままで隠していたことをウチアケルことであり、男が娘の親に娘との関係を打ち明けることである（柳田　一九四八）。

「ウチアゲ」の本義は柳田にしたがえば、婚姻に際して男女の婚前関係を娘の親に打ち明けることである。しかし「ウチアゲ」を初聟入りの意とする地方でも、その時期が「婚礼前・結納《ゆいのう》の時」か、「婚礼当日・婚家へ行く前」か、「婚礼後・近くは三日、遅くは三年後」か、意味はさまざまで（今村一九七八）、そのうちどれをもって旧習とするか、そのような速断は下せないし根拠にも乏しい。各地で採集された方言上の意味のすべてを同時代的な言葉の意味の幅として容認しなければ、日本人全体にとっての「ウタゲ」のさまざまな語義から、さまざまな内容を推し測ることはできない。

「熊本県北部ではウチアゲはただ婚宴の終りという意味に用いられ、直接関係者の慰労のことだとも報ぜられている。（中略）しかし近畿以東では、すべてこれを『聟よび』としか解して居ない。たとえば福井県ではウチアゲは初聟入《はつむこいり》、すなわち膝直《ひざなお》しの翌日のことだといい、加賀《かが》の河北郡でも始めて聟を饗する宴といい、能登《のと》の鹿島《かしま》郡などは結納の帯代に対する返しとして袴代《はかまだい》を贈るのも、聟が始めて嫁の里に招かれる際だといい、これをウチアゲと呼ぶらしい。（中略）越中《えっちゅう》でも富山市付近では、ウッチァゲは婚後嫁方で聟を招いてする饗宴で、聟一人で行く場合、新夫婦で行く場合、聟方親戚も招かれ、また合客として嫁方親戚も出て盛大に催す場合等さまざまであるが、必ず初聟入の祝である。（中略）日は一定しないが射水《いみず》郡等は普通嫁入後、半年から一年後である。北部飛騨《ひだ》などは結納の後、或は嫁入式の当日、聟がまず嫁の家を訪れて、一つの式を挙げることをウチアゲに行くと言っている。（中略）同じ岐阜県の武儀《むぎ》郡などは、輿入《こしいれ》の当日、嫁の出発前、聟が仲人とともに嫁の里に行き、その親族と同席して饗応を受け、嫁の出発より少し早く帰ってくる風がかなり盛んに行われ、これを打揚げと呼んでいる」（現代仮名づかいにした。柳田　一九三三、柳田・大間知　一九三七、民俗学研究所編　一九五五）。

婚姻習俗に関するウチアゲの語義が、いかに多くの意味を伴っており多義的であるかが、これだけみても理解できるのではあるまいか。婚姻習俗語彙としてのウチアゲ・ウタゲの事例から指摘しうる語義は、すなわち単に初聟入りに留まらず、広く婚姻に関する婚姻当事者間の交際であり、新しい親族関係の締結であり、関係締結に伴って行われる饗宴だということである。なかでもこのような語義のほとんどに、饗宴が伴っていることは興味深い。折口がウチアゲの古義を復元するため、今日の地方習俗に残るウチアゲの語義を推測したのも、古代と現代のウチアゲに共通する意味があったからにほかならない。「ウチアゲ」の語義は、これらの事例から新しい関係を結ぶべく用意された聟と舅のもてなす側（主）と、もてなされる側（客）の関係を意味しており、饗膳として用意された食物や物品としての結納をも意味しているからではないかと思われる。

「ウチアゲ」の語義論としては柳田の「打ち明け」説とは異なる、大間知篤三の「打ち揚げ」説がさらに挙げられる。大間知は富山県の事例から推して、「ウッチャゲ」を「事の終りを意味する語から出て、婚礼の完了、婚姻の確定を表すもの」（大間知　一九六六）とし、従来からの自説を改めた。

事の終りとしてのウチアゲ　大間知説に示唆されるように、ウチアゲ・ウタゲの原義は、婚姻習俗そのものから派生したものではない。

「熊本県北部では、ウチアゲは婚宴の終りの関係者の慰労を意味し、大分県東《ひがし》国東《くにさき》郡でも何か仕事が終って慰労のために行う宴のことであり、盆踊の終りの男女の宴をも、こう呼んでいる。だから九州では終りという意味をもち、この用法は瀬戸内の大三《おおみ》島《しま》にも分布している」（民俗学研究所編　一九五五）。

これら「ウチアゲ」の語義に含まれる内容は、婚宴・仕事・盆踊りなどが行われた後の「終りの宴」であり慰労の宴である。総じて「事の終り」を意味するようだが、単に事の終了の意のみを表しているのではなく、やはりそこには饗宴が伴うようである。類例としては「祭の翌日のこと」（柳田　一九六三）を表す例が、豊後地方にあるようである。この例は大祭のあった翌日に、酒宴を催すという日本各地の習俗に通じている。日本民俗学ではこれを「後宴《ごえん》」として一括し、一つの祭祀習俗として事典にも載せてきた（大塚民俗学会編　一九七一）。後宴は「ゴエン」という方言に由来しており、祭りの翌日を表すほか、翌日に行われる慰労の宴会を称していう。この後宴系のウチアゲは、大祭の後にあって祭りの状態から平時の状態に戻る時期に行われる饗宴であることに注意しなければならない。現在では、多く神事終了後の饗宴を意味することの多い「直会《なおらい》」と同義に理解されている（福田他編　一九九九）のも、ウチアゲが「直会」と同じ意味を帯びているためである。

こうした後宴系のウチアゲを含めて、さきの「事の終り」の饗宴を意味するウチアゲを考えれば、総じて大仕事や神事・祭礼・婚礼などの終了時に、平時の状態に復帰すべく用意された饗宴を「ウチアゲ」と称している地域があるということに帰着する。ここにも労を労《ねぎ》らわねばならぬ「客」がおり、疲れを癒やすべく整えられた象徴的な酒食がある。

2　宴の多義性と定義

宴にみえる人間関係　ここで「ウタゲ」のさまざまな本義説から、宴の一貫した特徴を考えてみたい。

三つの語源説に共通しているのは、むしろ主客の人間関係である。婚礼の当事者、大饗《おおあえ》の主人・客人、みなこれに該当するし、主客関係あればこそみな饗宴《きょうえん》にと及ぶのである。婚礼以外の語彙《ごい》にはみな慰労する行為があり、盆踊りにあえて男女が宴《たの》しむのも、人間関係のこうした「主」「客」という二項の関係があるためである。二項の関係はやがて一項となって労《ねぎ》らわれ、人々の関係は一体になる。「固め」といい「饗《もてな》し」というのも目的は一体になること、すなわち「連帯」である。人間関係を一つに統一すること、これは宴という実践をおいてほかにないことは、わたしの共著でも触れた点だった（伊藤・渡邊　一九七五）。

以上のような宴という言葉の一連の意味のなかから、語義の範囲や多様な意味を持つ性格が理解できたのではないかと思われる。ここで宴の定義、すなわち限定された宴の意味を考えてみる。

共食と「宴」の定義　宴の語義として重要な第一の意味は、もてなす側（主）ともてなされる側（客）相互の人間関係、あるいは神（客）と人（主）との関係である。ことに「客」としての存在は、それが神であろうが人間であろうが、饗応を受けるもの、奉られるもの、慰められるものその他、物事の受動の対象でなくてはならない。このような主客の関係が宴の第一の構成要素であるから、したがってすべての共食が宴であると断ずることはできない。主客の関係なき共食、あるいは食事会や会食は宴ではないということである。

図1　親族と年始の挨拶(沖縄県島尻郡粟国村、1990年撮影、沖縄タイムス社提供)　年始の挨拶のため、一族が宗家を訪れる。門中での挨拶を終えると、親類・近所を廻る。

宴の語義として重要な意味の第二に挙げられるのは象徴的な共食の慣行であり、なかでもその共食物である。共食物は象徴的意味あいを色濃く帯びていて、神に対しては犠牲《ぎせい》や供物《くもつ》などの「神饌《しんせん》」として、客人に対してはハレの食物としての「盛饌《せいせん》」

として提供されるものである。こうして主客が饗応するための酒肴《さけさかな》はそれぞれ象徴的意味あいをもって、別の象徴物（たとえば客人が持つ徳・名誉・霊力など）と交換され、あるいはまた呪力を帯びて参加者に分配されうる食物となる。したがって「饌（そなえもの）」の提供先であり、霊力の根源であるところの対象（神・祖先・客人）なくして宴は成立せず、それゆえ日常の食生活や会食は宴とはとうていいえないことになる。

宴の定義、すなわち各地に共通した宴の意味内容として、わたしはまずこれら二つの意味を定義に掲げておきたい。これらの意味成分は、ウタゲの本義がたとえ「打ち明げ」であれ「打ち揚げ」であれ、あるいはまた「拍ち上げ」であれ、それがまたたとえ「大饗」を意味するものであれ、「初聟入《はつむこいり》」を指すものであれ、あるいは「後宴《ごえん》」その他に類するものであれ、ほとんどすべての現象に伴うものである。さらにfeast（祝宴：英）、fête（饗宴：仏）、Fest（祭宴：独）、feest（祭宴：蘭）、fiesta（祭宴：西）、festa（祭宴：伊）など、ヨーロッパ諸語にもその意味は開かれている（渡邊編　二〇〇四）。そして宴が、どのような時に、どのような脈絡で、どのような場の、どのような関係で、どのような道具を用いて、どのような食物を提供したときに成立しうるかが、各地域・各民族の宴の個性を理解する鍵となるのである（渡邊　一九八三）。

3　饗宴の共食に伴う主客関係

饗宴での主客関係　このように宴の定義を施した時点で、さらに詳しく検討すべき事例のあったこと、これをわたしは決して無視したわけではない。それはことに第一の定義要件である主客関係について最も必要なことだった。定義に必要だったのは、どのような「客」をその対象に含めるかという点だった。問題の所在を明かす前に、主客の定義をこう補足しておきたい。

饗宴《きょうえん》における主客の関係は、同一人物が終始、「主」ないし「客」の地位や役割を担い続ける恒常的な関係だけを意味するのではなく、主客の地位や役割が絶えず入れ替わるような互換的関係をも意味している、ということである。

伊藤幹治はわたしとの共著（伊藤・渡邊　一九七五）およびその後の著書（伊藤　一九八四）のなかで、すでに述べたような「主客分化」の祭宴に対し、「主客未分化」な祝祭的な宴のあることを指摘していた。

伊藤が例にあげた「主客未分化」の宴とは、瀬川清子《せがわきよこ》を始めとする南島研究者の間で、これまで幾度か注目を集めてきた「一重一瓶《いちじゅういちびん》」と呼ばれる共食である。この共食は村落内の年中行事・人生儀礼、その他改築・送別など随時に行われる儀礼を含む、ハレの機会に行われる共食である。その特徴は誰といわずみなみな重箱にごちそうを入れて、焼酎《しょうちゅう》の入った一瓶を持って特定の場所に集まり、一人一人が座中を持ち回って歓をつくす宴会である（瀬川　一九七四）。いい換えればこの共食には、はっきりと分別のある主客関係があるわけでもなく、強いていうと招待する側は宴会という共食の場を提供するだけの存在にすぎない（伊藤　一九八四）とさえいいうる特徴がある。したがって共食の唯一と称してもよい作法とは、ともども持参した酒と料理とを互いに勧めあう、すなわち酒食を相手に提供して交換しあうことなのである（深沢　一九八一）。このような特徴をもつ共食が、わたしの定義にいう「宴」に入るのか否か、定義は具体的な事例をめぐって、その適用を問われていたのである。

主客の入れ替え　しかし一方で「主客未分化」とされ、他方で酒食の贈与交換を「作法」とする南島のこの共食が、まったく主客の関係がないものだったかというと、瀬川の指摘による限り決してそうではない。瀬川は明治初年の掟《おきて》を記録した『南島村内法』によりつつ、近年の奄美《あまみ》・沖縄の「一重一瓶」の習俗について、こう述べている。

昔は宴会をする家の「亭主」（村内法に規定された宴の主催者）の妻も一重一瓶を持って酒宴の座を持ち回ったが、だんだん亭主方では刺身や吸物を用意するようになり、また法事では客人の持ち寄った一重一瓶を仏前に供えて拝んでから、亭主方の台所に下げ、持参のごちそうをとりまぜて客に分配して宴会を行い、終ればみやげにして持ち帰る（瀬川　一九七四）などとしている。「一重一瓶」の共食の場になる家が亭主だ（瀬川　一九六九）などという指摘を加えれば、そこには恒常的な主客関係さえ存在していることがわかるだろう。

ただしこの共食では酒食を用意する者が主人だとは限らぬことが特徴で、客人もまた酒食を用意するのがこの行事の習わしである。しかし共食の場が家ではなく浜や広場を利用した共食の場合、伊藤のいうような主客関係の曖昧《あいまい》さがいっそう顕著に見いだせると思われる。ただその場合でも、相互に入れ替わり可能な主客の関係は依然として存在している。

図2　祈願のあと、持ち寄った重箱をたがいに勧めあい、共食する婦人たち（沖縄県平良市狩俣〈宮古島市〉、沖縄タイムス社提供）

「一重一瓶」は、自分が持参したものを自分が食べるという自家消費の共食、すなわち「主」「客」のない共食なのではなく、持参した酒食を相手に与えることを義務とした、互いに酒食のやりとりを行う互酬的な共食なのであり、だからこそ与える者（主）と与えられる者（客）との「取替《トイケエ》」、つまり宴会と贈答が同時に行われる「交換《トイケエ》」が成立しているのである。この共食の特徴は単に酒食の「取替」（交換）

ばかりではなく、瀬川の指摘にしたがえば「主客を互いに取り替える」(瀬川　一九六九)入れ替え可能な主客関係があることだった。

このような主客の交流・交歓こそ饗宴の最も重要な要素であり、人間関係の維持・発展という饗宴の社会的目的も、かくして達成されることになる。

4　共食物の「ちから」

米や餅の「ちから」　宴を構成する主な要件のもう一つは、すでに述べたように象徴的共食の慣行であり、なかでもその共食物である。饗宴《きょうえん》の場において参加者が共食する、その共食物が日常の食物とは異なる象徴的な意味合いを帯びていることもまた、これまで日本民俗学が早くから注目するところであった。

日本では、「力餅」と称して、「力持ち」に語呂を合わせたかのような土産品が目につくことがある。また実際に、ある特別な機会や事情に応じて、「力餅」なるものを食べる地方がある。小正月の飾りにした餅団子を小豆粥《あずきがゆ》のなかに入れて食べる習俗、米を茶碗の大きさほどに握って外を餅で包み歳徳神《としとくじん》に供える習俗、苗代田を打ち起こす日に搗《つ》く餅、出産で弱った婦人に食べさせる餅、生まれて満一年の小児に背負わせたり抱えさせたりするために拵《こしら》える餅、出棺に先だって血族が一升桝《いっしょうます》の裏底で切って食べる餅、年頭にあたって義理の親・仮親《かりおや》に持って行く餅などなど、地方や地域で習俗こそ違え、それらの餅が何らかの形で「人に力を与える食物」という意味を伴っていたことは、柳田国男《やなぎたくにお》が採集した日本各地の事例で明らかなようである（柳田　一九四〇）。供物《くもつ》あるいはみやげものとしていずれにも用いられるのが米であり、米の加工物としての餅・飯・団子・粥などであり、これを「力餅」と称するほか「力飯」・「力米」などと称してきたのである。

「ちから」の所在　柳田はこうした供物の「ちから」の所在についてこう語っている。

「いま見る多くの力米・力飯の目的からでもわかるように、力はつねにこの物が供えられる方に属することになっている。（中略）一家では家長、一郷では産土《うぶすな》の神と神を祭る人が、各々これに養われてその力を強め、若やぎ栄えつつ年々の活動を新たにすることは、いまなお不言の裡《うち》に期待されているかと思われる」（現代仮名づかいにした）（柳田　一九四〇）。

力米・力飯・力餅の目的は、それを供えられる者に「ちから」を与えること、「ちから」を得て長上人や神、あるいは子供や婦人や農夫らが、みずからの「ちから」を強めることなのである。だから「ちから」は、米・飯・餅そのものにある。

瀬川清子《せがわきよこ》の説明は、別の意味で好趣である。瀬川は柳田が挙げた類種の問題を論じながら、「共食の力」について説いている。それは「モライ」と「ミマイ」の日本の習俗に現れる現象である。正月七草の日に七つ子が膳《ぜん》を持って七軒の家から粥を貰《もら》って食べると丈夫に育つこと、「モノモライ」、

「メコジキ」という眼病も大勢の人から食物を貰って食べると治ること、臨月の婦人を招いて御馳走《ごちそう》をすると軽く産むということ、その他、別火《べっか》の生活が終って忌明になることなども、「食物そのものではなくて、くれる人と貰う人との間に生ずる共食の力によって効を奏する」のだとする（瀬川　一九七四）。

柳田の説明では「ちから」の所在は共食物にあり、瀬川のそれはむしろ「饗宴」（共食）にあるかと思われる。瀬川の説明を追うと「ちから」は食物そのものにはない、与える側にあるわけでもない、といって供物を受ける者にもない。「ちから」はこれら三者の相寄るところにある。しかし「ちから」が、いかようにして三者の相寄るところから発せられるのか。人間どうしの連帯なのではないかとも思う。

二人の説明でわかることは、「ちから」を得る者は、いずれもまずは食物を贈られた方である。まずは食物をモラい、食物によってミマわれた者たちである。神祭には神前に、先祖祭には霊前に、親の歳祝いなどには歳祝い者に食物を供え、また神と人と、主人と眷属《けんぞく》とが共食する際の食物として米などを供えられる方に「ちから」を与える儀礼は、共食を伴う限り各地に広い（柳田　一九四〇）。神前や仏前に供物を供えれば、一連の儀礼の後に、今度は供えた方もまた共々それを分ち共食し、また人に目的をもってみやげを与えれば、その人からお返しを受ける。ある特別な供物に「ちから」を認めるか、せねばならぬと考えた共食が「ちから」を発現するかはともかく、米を中心とした供物や米を媒介とした饗宴は、「ちから」の発現と、「ちから」の共有の場として成立していることが明らかであろう。

5 共食物によって異なる饗宴

キリスト教の聖餐 「米の力」を著わした柳田国男《やなぎたくにお》がキリスト教の聖餐式《せいさんしき》に触れて、「力餅」に見られる習俗は果して日本だけのものだろうかと述懐しているところがある。何にしてもキリスト教の聖餐式に表された考え方など、柳田には思いもよらなかったからである。

「五十年ほども昔、フルベッキさんといった有名な宣教師から、始めて聖餐式の説教を聴いたときに私はびっくりした。葡萄酒《ぶどうしゅ》を基督《キリスト》の血というまでは、まだそういうこともあろうかと感じたが、麺包《パン》を救世主の肉になぞらえると言われたのには興が醒めた。食物が人の身も心も共に作り立てるものだということを、考える折はまことに少なく、ましてやこれを相饗する者の間に、目に見えぬ連繋が新たに生ずるということなどは、忘れたというよりもむしろ覚えたことがなかったのである」（現代仮名づかいにした。柳田 一九四〇）。

キリスト教世界においては、宗教上の食事であるいわゆる聖餐（Sacred meal）が重要な位置を占めている。「最後の晩餐」、そしてカソリックやプロテスタントの聖なる集会（ミサ）で行われる饗宴は、聖餐に与《あずか》る音たちが、キリストの血と肉とを象徴的に食する聖なる食事である（Wallace 1966）。柳田が思いもよらなかったのは、キリスト教世界には日本とは違った食物に関わる儀礼上の意味があったからだけではなく、かなり具象化された擬似的な「食人習俗」があったからである。同じ饗宴を行いながら、日本では人びとが神とともに食べるもの、あるいは神の食べるものを供物《くもつ》として神に捧げようとするのだが、キリスト教世界では神的なモノを人びとが食する、あるいは犠牲《ぎせい》になったモノを人びとが食べようとするからである。

儀礼における肉食　日本では古来、犠牲を、つまり屠殺《とさつ》した動物を共食するという習俗があった。それが一般の通念のなかで、仏教の普及とともに消滅したかのような風説が流れている。確かに日本本土では、繰り返し行われる宗教行事のなかに供犠《くぎ》が行われる例は甚だ少ない。ところが沖縄ではむしろ、宗教行事のなかにしばしば犠牲の共食が登場するのである。

沖縄で祝宴に出される儀礼的食物といえば、誰彼となく指摘するのが「豚」である。それは沖縄最西南端の与那国《よなぐに》島でも同じだった。が、この豚肉がまさか葬式のときにも出されるとは、わたしは知らなかった。

与那国では昔、出棺する前、葬儀の会葬者全員に「ンニチムリ」と称する牛肉あるいは豚肉一盛、和物《あえもの》一盛、御飯一盛、牛または豚の汁一椀の計四品からなる膳《ぜん》を整えて出したといわれている。わたしが調査を行なった一九七六年（昭和五一）に葬儀に参加することができたが、その折には昔の手順とは異なり、出棺前ではなく墓に死者を納めてから、会葬者全員に一盃の酒と脂ののった豚肉を配る光景を認めることができた。

わたしが当然抱く疑問、「なぜ葬儀に豚肉を食べるのか。しかも上等な豚肉を……」ということに対する人びとの答えは、意外にも単純かつ明快だった。すなわち葬儀に豚肉を食するのは、「先祖に長寿をあやかるため」だというのである。自分も先祖と同じように生命力のある人間となれるように、先祖になぞらえた豚肉を親類縁者ともども共食するのである。

共食の「ちから」は何か　葬儀に四足を食する、それは牛でも豚でもまた山羊《やぎ》でもよいのだが、犠牲に供する四足を相当量屠《ほふ》って会葬者全員に配る習俗は与那国には古くからあったようであり（池間一九五七）、その他の島々にもあったようである（伊波　一九二六a・一九二六b）。「先祖のあやかり」のためになされる葬儀での人びとの豚肉共食は、「ちから」の交渉の問題からみてどのように理解できるだろうか、それを柳田国男・瀬川清子《せがわきよこ》の指摘から考えてみる。

彼らは豚肉を共食することによって、先祖から「長寿のちから」を期待している。豚肉は先祖の一部分であり、ここでは先祖と豚肉とは同一視されている。しかし豚肉そのものに「ちから」を認めているのではなく、むしろ先祖に「ちから」の根源を求めている。そのような点で「力餅」の考え方とは、かなり異なっている。

それでは翻《ひるがえ》って、与那国のそれには、「共食の力」とされるものがあるだろうか。確かに与那国で

図3　年祝いや年忌供養に飾られ食される供え物のチムリ（沖縄県与那国島、1990年撮影）

は、豚肉を共食している。豚肉を共食しうる人間は親縁な間柄であり、先祖と出自を共にし、また先祖と親族関係を結んでいる者が慣行上豚肉の共食者たちである。しかし「共食の力」を瀬川の指摘どおり認めたとしたならば、「ちから」の根源は人間であって先祖ではない。

あるいは「先祖のあやかり」は、キリスト教のミサと同じ考え方に根ざしたものだろうか。ミサは人類の罪を贖《あがな》うキリストの十字架上の犠牲をモチーフにするとともに、神の聖性に触れるサクラメント（聖餐式）でもある。ミサにより人びとはキリストの犠牲による救済と、新しい誓約に与《あずか》ることになる。パンとブドウ酒というキリストが最後の晩餐で示した導きに応じて、キリストの血と肉とをいただき、神との生命的交わりを人びとは得るわけである。

神の子、キリストを犠牲にした罪は人類にある。ミサは人類の罪の購いにあり、ここでもまた犠牲は神と同一視されねばならない。これは与那国の「先祖のあやかり」の考え方とよく似ている。神や先祖と共食物としての犠牲との同一視という点で、生命力や行いの不完全な人間が理想的な、あるいは完全な生命の根源に対して生命力や贖罪《しょくざい》を請う形において、あるいは共食を伴う点において。このようにキリスト教のミサと与那国の「先祖のあやかり」は、多くの面で共通する要素をもっている。しかし敢えて違う面を挙げれば、その動機である。罪の消去か生命力の獲得か、同じ神や先祖の共食に微細な違いは尽きない。

似たようなモチーフをもつキリスト教世界と与那国の世界は、共食物に関わる考え方が、「力餅」の考え方とかなり異なることはもちろんである。それはおそらく供える者―犠牲―神霊の三者の間に、あるいはまた供える者―屠殺―饗宴という行為の間に、「ちから」の作用の方向性の違いがあるからだろう。供物や犠牲という饗宴の共食物そのものが、いかに饗宴や共食の目的やそのあり方に影響を与えているか、理解できたのではないかと思われる。

参考文献
池間栄三　一九五七年『与那国の歴史』私家版
伊藤幹治　一九八四年『宴と日本文化―比較民俗学的アプローチ―』中央公論社
伊藤幹治・渡邊欣雄　一九七五年『ふぉるく叢書第六巻　宴』弘文堂

伊波普猷　一九二六年a『孤島苦の琉球史』春陽堂
今村充夫　一九二六年b「南島古代の葬儀」『民族』二巻五号
上野　誠　一九七八年「ウチアゲ」井之口章次編『講座日本の民俗第三巻　人生儀礼』有精堂
大間知篤三　二〇一四年『万葉びとの宴』講談社現代新書
折口信夫　一九六六年「ツケトドケとウッチャゲ―富山県下の婚姻習俗―」『民間伝承』三〇巻三号
倉林正次　一九二九年「常世及び『まれびと』」『民族』四巻二号
瀬川清子　一九七五年『祭りの構造―饗宴と神事―』日本放送出版協会
深沢秀夫　一九六九年『沖縄の婚姻』岩崎美術社
福田アジオ他編　一九七四年「会食について」『日本民俗学』九一号
民俗学研究所編　一九八一年「シマ社会における共食慣行に就いての一考察―奄美の三献と一重一瓶を手掛りに―」『南島史学』一七・一八合併号
柳田国男　一九九九年『日本民俗大辞典　上巻』吉川弘文館
一九五五年『綜合日本民俗語彙　第一巻』平凡社
一九四〇年『食物と心臓』創元社（のち一九六九年『定本柳田国男集　第一四巻（新装版）』筑摩書房）
一九四八年『婚姻の話』岩波書店（のち一九六九年『定本柳田国男集　第一五巻（新装版）』筑摩書房）
一九六三年『分類祭祀習俗語彙』角川書店
一九三三年「常民婚姻史料」『人情地理』一巻二～五号（のち一九六九年『定本柳田国男集

第一五巻（新装版）』筑摩書房）
柳田国男・大間知篤三　一九三七年『婚姻習俗語彙』民間伝承の会
渡邊欣雄　一九八三年「宴の語義から定義まで―スケッチとして―」『武蔵大学人文学会雑誌』一五巻二号
渡邊欣雄　一九九三年『世界のなかの沖縄文化』沖縄タイムス社
渡邊欣雄編　二〇〇四年『世界の宴会』勉誠出版
Wallace, A. F. C 1966 *Religion: An Anthropological View*, New York: Random House.

食物贈答

山崎祐子

1　共食と贈答

神から賜る食物　贈答とは、物品を贈ること、それに対して返礼をすることをいう。社会生活の中で人と人、家と家の関わりを続けてゆくときに、何らかの期待や義務感があって贈り物をする。そのときに習慣として、贈られた方は、贈られたものと等価ではなく価値の低いものを返す。日本ではいわゆる「お返し」がそれにあたり、とくに食物の贈答にはお返しがつきものである。オウツリともいい、贈られた食物の入っていた容器を空のままで返さずに、付け木《つぎ》、マッチ、半紙などをお返しとして容器に入れて返す。

贈答の機会は、中元《ちゅうげん》や歳暮《せいぼ》が多いが、年中行事や通過儀礼などでも贈答が行われている。さらに日常生活でも、収穫物のお裾分けや旅行の土産《みやげ》、訪問の手土産のようにさまざまな場面で贈答が行われる。そしてそれらの贈り物の中心は食物である。柳田国男《やなぎたくにお》は贈答に食物が用いられることに注目し、『食物と心臓』（柳田　一九四〇）の「モノモラヒの話」の中で、共食について「多くの人の身のうちに、食物によって不可分の連鎖を作るということが、人間の社交の場の最も原始的な方式であった」とし、共食が「孤立の生活においては免れがたい不安を、容易に除き得るという自信を得たのである」という。日本の民俗において、共食とは、神を迎え、食物を供えて、神と人々が食事を共にすることをいう。たとえば祭礼の直会《なおらい》などが共食にあたる。祭礼が終わると、下げられた供物《くもつ》は、一口ずつでも参加者に分けられる。共食によって、人々に生命のエネルギーが分け与えられ、また、同席した者が同じものを食べることで結束を強め、関係を確認するのである。

図１　大国魂神社の祭礼（福島県いわき市、2016年撮影）　供物の鯛を神輿の担ぎ手たちが分けて食べる。

さて、このオウツリのことをトシノミというところがある。トシノミは、一八八七年（明治二〇）刊行の『和訓栞後編《わくんしおり》』

に「としのみ暦家に歳実といふ事あり。世俗贈物の時先より又其器へ物を入て返すをいふ。大神宮年中行事鍬山伊賀利《くわやまいがり》の神事の条に折敷《おしき》に小石を入て年の実と号し分て贈る事あるに出たり」と記載されている。トシノミの年（歳）は稲の稔りの意味で、年の実とは稲魂《いなだま》を意味する。小石は神の依代《よりしろ》であり、『和訓栞後編』の記述は稲魂を分与する依代として小石を用いたことを示している。

トシノミと同じような意味で、お返しをオタメ、トビ、トウビ、トミなどとよぶところが西日本に多く分布する。中国地方、四国地方では贈られたものが入っていた容器に、マッチや半紙などを入れて返すことや、返礼の品物をトビとよぶ。『分類食物習俗語彙』（柳田　一八七四）に、島根県では、正月の贈答の餅や米の返礼で、中折の紙に米を入れてねじったものをトビというとあり、さらにこのトビに小さい餅を三つ添えたものをトシダマというと記されている。福井県では、正月一日から三日までの間に寺に届ける白米をトウビというなど、さまざまな事例が記されている。トシノミもトビも、空になった容器を返すときの返礼や返礼品を意味するとともに、正月の贈答の米や餅でもある。贈答は、人と人、家と家の関係を強めるだけではなく、神への供物の意味もある。トシノミ、トビとして贈られた餅や米は、皆で分けて食べ、神から力を分与されることを期待した。

このような事例をふまえ、柳田国男は贈答の本来の意味を「神から賜《たまわ》る」の意味「賜《た》べ」だと考えた。民俗学では、柳田国男の説を補完発展させる形で研究がすすめられ、和歌森太郎は、「村の社交と義理」（和歌森　一九四七）で、贈答の機会が、年中行事や節供《せっく》に多いことをふまえ「贈り物は、実は神祭りのときの供え物で、それを祭った人々が神とともにいただき合う、これが贈り物という形になった」とする。また、このような共食が「一段崩れて贈り物をする形になり、又そうすることがつきあいの義理という感じになってきた」と述べるとともに、贈られた食物を一部残して返す習慣は共食の名残だとした。伊藤幹治は、贈答とは「特定の機会に贈り物をやりとりする儀礼的行為」だとする。そして日本の贈答の特徴を「食物の贈答交換」とした。このように共食から贈答の意味を説くことを「贈答の共食モデル」とし、このモデルで捉えられない事例があることを指摘する。伊藤によれば、食物交換が贈答では行われているものの、食物交換の起源が神人共食《しんじんきようしよく》にあるかは定かではない。また、三月節供で、雛人形《ひなにんぎよう》を贈られた返礼が草餅というように食物交換ではない例も指摘する。

贈答の機会　贈答の民俗を表す言葉の一つに「やったりとったり節供餅」がある。福島県相馬《そうま》市では、節供が嫁の里帰りの機会であり、一月一四日には若餅、三月節供には花餅、五月節供は柏餅《かしわもち》、九月には赤飯を土産として持たせたという。そして、「やったりとったり節供餅」といって、嫁の実家では、同じものを婚家への土産に持たせた（相馬市　一九七五）。関西地方にも「やったりとったり亥《い》の子餅《こもち》」という地域もある。「やったりとったり」では、贈られた食物の入っていた容器にはお返しが添えられ、さらに贈られた食物と等価の食物が贈られる。

このような贈答は、贈られた同じ日、または翌日のように短い時間の中で等価の食物をやりとりすることもあれば、少し時間をおいてやりとりすることもある。神奈川県相模原《さがみはら》市近辺では祭礼に酒饅《さかまん》頭《じゅう》を作る。祭礼の前日には、酒饅頭をたくさん作り、「明日は祭りなのでお出かけください」の口上とともに、酒饅頭の入った重箱を親戚や知人に届けた（相模原市　二〇一〇）。届けられた家では、自分の村の祭礼のときには同じように酒饅頭を届けるのである。

贈答という言葉は、贈ることと返礼をすることがセットになった言葉である。贈答では、贈られたものと返礼のバランスが大切だと考えられており、贈答の機会や贈り手と受け手の関係で勘案する。通過儀礼や住宅の普請《ふしん》（建築工事）などでは、祝儀帳《しゅうぎちょう》、不祝儀帳《ぶしゅうぎ》、普請帳などがあって、どの家から何を贈られたのかを記録しておく。香典《こうでん》をもらえば、香典返しという返礼が行われるが、それは等価ではなく価値の低いものが返される。婚礼や出産、子どもの成長に伴う祝い事での内祝《うちいわい》という返礼も等価ではない。このように一回ずつの贈答は互酬的に行われるが、贈答はそれで終わりではなく、贈られた相手の家で同じような祝儀、不祝儀があれば、今度は同程度の贈り物をする義理が生じる。これは、短いスパンではなく、世代を超えるような長いスパンの中で、贈答が繰り返され、そのための記録として帳面が残されている。

2　中元と歳暮

盆の供物と盆礼　中元《ちゅうげん》は、世話になった人への盆《ぼん》の前に行う贈答であるが、本来は道教《どうきょう》の節日の七月一五日をいう。中国では正月一五日の上元、七月一五日の中元、一〇月一五日の下元を三元という。七月一五日は、人間の罪を許す神が生まれた日だといい、上元、下元とともに節日として祝った。また、七月一五日は仏教でいえば盂蘭盆会《うらぼんえ》にあたる。日本では、中元は盆と結びつき、盆における贈答の習俗やその贈答品をさすようになった。盆行事の中心は、先祖の魂祭《たままつ》りであり、七月一三日に先祖の霊を迎え、一六日に送る。家では盆棚、精霊棚《しょうりょうだな》とよぶ棚を設け、精霊を迎えるのである。精霊棚には、季節の野菜や果物を供え、さらに、毎日、三度の食事を供えた。

盆の期間は、親戚や知人が互いに手土産《てみやげ》を持って訪問し、精霊棚に線香をあげる。このときに行われる贈答を盆礼とか盆供といい、訪問者は持ってきた品物を精霊棚に供えた。一年以内に亡くなった家族がいる場合は、新盆、初盆といって、盆棚も大きく飾り、丁寧な盆行事を行う。訪問客も多く、盆礼もきちんと行われた。現在は、現金を持ってゆくことが多くなっているが、本来は、小麦粉や米、または、うどん、そうめんといった小麦粉で作られた食品であった。

山梨県南都留《みなみつる》郡西桂《にしかつら》町は、農業と養蚕、機《はた》織りを生業とする地域であった。このあたりは標高六〇〇《メートル》を超えると二毛作ができない。西桂町は二毛作のできるぎりぎりの地域である。ここでは、新盆の家に、新盆見舞いといって、ホカイとよばれる容器に小麦粉、うどん、そうめんなどを入れて届けた。まず、昼のうちにホカイを子どもが使いで届け、夕方になってから大人が線香をあげに行き、きな粉をまぶしたアベカワ餅をご馳走《ちそう》になった。ホカイとは、外器、行器の字をあて、食物を入れて

図2　ホカイ（西桂町 2003年『西桂町誌　本編II』より転載）

運搬するための蓋のついた木製の容器をいう。曲物《まげもの》や漆塗りが多く、餅や赤飯など、晴《はれ》の日の食物の容器として使われる。

イキミタマとナベカリ　盆には、精霊棚に食物を供えるばかりではなく、健在な両親に食物を贈る習俗がある。イキミタマとかイキボンといい、魚、米、麦などを贈った。イキミタマは、生見玉、生御玉、生御魂などの文字をあてる。すでに藤原定家の『明月記《めいげつき》』一二三三年（天福元）七月一四日条に記載があり、鎌倉時代まで遡ることができる。近世になると俳諧の季語としても採用され、一九世紀に編纂された『増補俳諧歳時記栞草《ぞうほはいかいさいじきしおりぐさ》』に傍題の「蓮《はす》の飯《めし》」「さし鯖《さば》」とともに「生身玉」が収められている。「蓮の飯」「さし鯖」は、天保年間（一八三〇—四四）に出版された『東都歳事記《とうとさいじき》』七月一五日の項に「中元御祝儀《ごしゅうぎ》　蓮飯・刺鯖を時食とす」とあり、この日の食物として用られていたことがわかる。

刺鯖は、塩鯖二尾を刺し連ねたものである。塩鯖は、鯖を背開きにして塩漬けにしたもので、一六九七年（元禄一〇）刊行の『本朝食鑑《ほんちょうしょっかん》』に、「一つの頭をもう一つの頭の鰓《えら》の間に差し入れ」たものと書かれており、通常、二尾を重ねて刺したものを一刺の単位とした。鯖は、日本近海を回遊し、一年を通して漁獲でき、その漁獲量の多いマサバの旬は秋である。太陰太陽暦の盆は初秋にあたり、鯖は盆の時期の魚であるが、「鯖の生き腐れ」といわれるほど足が速い。冷蔵の設備のなかった時代、流通するのは塩鯖、刺鯖であった。また「蓮の飯」とは、蓮の葉に糯米《もちごめ》を包んで蒸したものをいう。蓮の葉は、盆の供物《くもつ》をのせる器としても使われた。

イキミタマの習俗は江戸ばかりではない。一九世紀前半に屋代弘賢《やしろひろかた》らが各地に発した「諸国風俗問状《しょこくふうぞくといじょう》」の答えに各地のイキミタマの習俗が報告されている。現在の福島県白河市にあたる「奥州白川《おうしゅうしらかわ》風俗問状答」では、七月の項の「生身魂の事」に「両親有之ものは　常に殺生不好候とも　網釣等に出候て魚をとり　両親へ饗し祝候事は　余国にかはり候風俗も無之候」とあり、普段は殺生をしない者でも魚を獲りに出る習俗が記されている。自ら魚を獲りに出ることについて、柳田国男《やなぎたくにお》が「親の膳」（柳田　一九四二）で「親のある者だけは特に魚を食った。そうしてそれをまず親の膳に供えたのである。私の養父などは祖母の存命中、盆の十四日だったかはわざわざ網漁に出かけ、それを生見玉といっていた」と述べている。自ら魚を獲って両親に魚を饗応することが大事なのである。

イキミタマ以外にも、盆魚といって盆に魚を食べる習俗が各地にある。「仏に口を吸われないように生臭を食べる」というところは多く、盆は、魚を贈答に用い、魚の料理を作った。盆は精霊をまつる行事であり、仏教に関わる行事といえば普通は精進《しょうじん》料理となる。盆に魚を食べる意味について、柳田国男は「達者な親を持った人たちだけは、あの盂蘭盆会の教義を超越し、所謂新精霊の死穢《しえ》から隔

図３　親への饗応の膳を差し出す若夫婦（柳田国男監修、民俗学研究所編　1955年『年中行事図説』より転載）

離して、別に自分たちの祝ひ事を続けて居たのである。ミタマといふ古い語を是だけに残して居たのも其趣意であらう。それよりも強い差別法としては、親のある者だけは特に魚を食った」（「親の膳」）と述べている。

イキミタマとして贈った米や小麦を子どもが調理し、親に饗応する例もある。神奈川県平塚市では、結婚をして家を出た者が、親が健在の間、盆前に親を訪問した。平塚市では月遅れの八月に盆行事を行っており、訪問する時期は、麦の収穫などの農作業が一段落する七月末が多い。米、小麦、うどん、そうめん、カボチャなどの野菜を持ってゆき、子どもが調理をして親を饗応した。調理のための鍋《なべ》や釜《かま》は親の家のものを借りるので、ナベカリといった。盆ばかりではなく正月にナベカリを行ったところもある。群馬県では正月四日ごろに若夫婦が餅や米を持って妻の実家へ年始礼に行った。そこで鍋を借りて調理をし、親たちにご馳走することをナベカリといった（群馬県　一九八〇）。盆ほど明らかではないが、ここでも健在な両親を祝福する習俗をみることができる。

歳暮と年取魚　歳暮《せいぼ》とは年末の贈答のことをいう。歳暮には餅や米、魚を贈ることが多かった。魚は、東日本は鮭《さけ》、西日本は鰤《ぶり》といわれるが、いずれも塩をした魚である。鮭は、「さけ」という言葉が「裂け」に通じることから「塩引《しおびき》」や「新巻《あらまき》」を用いる。

　塩引は、鮭や鱒《ます》などの魚の内臓を抜き、塩漬けにしてから風干しによって乾燥させたものをいう。新巻は内臓を抜いた魚を塩漬けにし荒縄で巻いたもので、内臓を抜いた部分が開かないようになっている。塩引は平安時代末期に成立した『今昔物語集』にも出ており、古くから魚の保存法として知られていた。鮭を一本丸ごと干した塩引は、江戸時代になると大名家の贈答にも用いられた。一六四五年（正保二）刊行の『毛吹草《けふきぐさ》』には「名物」の項の「陸奥《むつ》」に「子籠塩引《こごもりのしおびき》　衣川《ころもがわ》ニアル鮭ト云」とある。卵を抜いて塩漬けしたもの、つまり筋子《すじこ》を塩引の腹に詰めた「子籠塩引」のような贅沢品も作られるようになった。

図4　正月の準備が整った座敷（西桂町 2003年『西桂町誌　本編 II』より転載）　歳暮の塩引の箱が仏壇のある座敷に並んでいる。

　歳暮に魚を贈る習俗は『東都歳事記』の一二月二五日と二六日の項に記載があり、二五日には「歳暮賀　当月下旬、知音親戚に往来し、又歳暮と名付けて餅乾魚《ほしうお》等送る」とある。二六日には、賑やかに賃餅《ちんもち》を搗《つ》く様子が記され、その最後に「都で下旬親戚に餞を送り歳暮を賀す、是を餅配りといふ。塩魚乾魚を添るなり」とある。歳暮には餅に塩魚や乾魚を添えて贈ったことがわかるが、具体的な魚の名は、『増補俳諧歳時記栞草』の一二月に「塩引鮭、塩鰹《かつお》　このたぐひ、歳暮の心あらば冬なり」とある。これには例句として小林一茶《こばやしいっさ》の『七番日記』から「塩引や蝦夷《えぞ》の泥まで祝はるる」がひかれており、一九世紀初頭には蝦夷の塩引が江戸に運ばれており、歳暮が正月のめでたさを祝う贈答であったことが窺われる。

餅と魚が正月を迎えるための大事な食物であったのは広く共通することである。元旦よりも大晦日《おおみそか》の夜の食事を重要なものと考える地域は多く、この夜のご馳走を年取りの膳《ぜん》という。年取りとは、新しい年を年神から授けられることで、この夜の食事には年取魚《としとりざかな》と呼ぶ魚がつく。歳暮に塩引を贈る習俗は、年取魚とも結びついている。

仲人への塩引と嫁御鰤　歳暮に塩引を贈る習俗は東日本に多く、とくに、仲人や実家の親には塩引や新巻を贈るものとされてきた。何度も仲人をしたり、子どもが多かったりする夫婦には、たくさんの塩引が届いた。土間《どま》のある家では、その梁《はり》に吊しておくことが多く、何本も塩引が吊してあるのは、夫婦の誇りでもあった。塩引は、大きな切り身にして焼き、正月の年取魚として食べた。塩引はご馳走であり、たくさん届く家でも、日常的に食べたわけではなく、長く保存をして、農繁期に食べるものであった。田植のときに手伝った早乙女《さおとめ》に塩引をつけるものだったという。

鰤は、成長するにしたがって名前が変わる出世魚で、縁起のよい魚である。西日本では、年取魚に鰤を用いるところがある。海から遠い飛騨《ひだ》地方の年取魚は飛騨鰤とよばれる塩鰤であった。これは、富山県氷見《ひみ》港に水揚げされた鰤を塩鰤にし、神通川《じんづうがわ》沿いに飛騨まで運ばれた魚である。塩鰤は、内臓を出した後、背骨と身の間に包丁を入れ、その隙間に塩を詰めて塩蔵したものをいう。このような塩鰤は、世話になった人へ歳暮として贈られた。

新鮮な鰤が手に入る福岡県や石川県、富山県などでは、嫁御鰤《よめごぶり》という習わしがある。結婚をした年の年末に、「初正月」の熨斗《のし》をつけた鰤を婚家から嫁の実家へ贈る。これには「良い嫁ご振り（ブリ）です」という意味がこめられており、玄界灘《げんかいなだ》でとれた大きな鰤を贈るのである。嫁の実家では、正月の雑煮に用いたり、親戚を招いて鰤をご馳走したりする。

石川県能登《のと》地方では、嫁の実家から婚家へ鰤を贈る。結婚した年の一二月初めに嫁の実家から大きな鰤が届く。この鰤は三枚におろし、半身を嫁の実家へ返礼として返す。残りは大きな切身にして親戚に配るのである。嫁の実家でも返礼の鰤の半身を切身にし、親戚に配ったりした。福岡県の嫁御鰤も能登地方の初正月の鰤も、鰤の切身を分け合うことで、婿《むこ》方と嫁方が互いに親戚であることを確認する場になっている。

3　食物を集めることと分けること

通過儀礼の飯　通過儀礼でも、米、餅、ぼた餅、赤飯、団子、うどんなど儀礼に伴う食物がある。出産を例にみてみると、陣痛がおきたときに噛むと力が出るという力米、出産の直後に炊く産飯《うぶめし》、出産三日後に作る三つ目のぼた餅、お七夜《しちや》や宮参《みやまい》りの赤飯、食《く》い初《ぞ》めの飯、初誕生の一升餅《いっしょうもち》というように、米に関わる儀礼食があり、そのたびに贈答と祝宴が行われる。これは、米の力によって新生児の魂の安定化をはかるものである。

神奈川県大和《やまと》市では、出産が無事にすんだという知らせが嫁の実家に届くと、実家から産見舞《うぶみま》いが贈られる。産見舞いは、米二升（一升は約一・八リットル）または三升に、鰹節と白髪《しらが》とよぶ麻《あさ》を添え、嫁の母親が届けた。この米を力米とよび、届いたらすぐに炊いて産婦に食べさせるものだといった。近所の家からも産見舞いとして鰹節、干瓢《かんぴょう》、麩《ふ》などが届けられた。第二子、第三子となると簡略化されるが、力米だけは嫁の実家から必ず届けるものであった（大和市　一九九六）。出産のときに、力米や産飯を炊く米を実家が届けるという地域は多く、産婦と新生児の儀礼において、嫁の実家の関与は大きい。

大和市の事例の力米で炊いた飯は、産飯にあたる。産飯は、出産後に炊く白米の飯であり、茶碗に山盛りにして産神《うぶがみ》に供えるものであった。大和市でも、飯を山盛りにして神棚に供えたという。産飯は、産神に供えるとともに、産婆《さんば》、家族、出産を手伝った人たちに食べてもらう。これは、出産を終えたばかりの産婦と新生児を米の呪力によって強化するものである。男子は生後三二日目、女子は生後三三日目に宮参りをするが、そのときに神社に赤飯を持ってゆき、集まってきた子どもたちに食べてもらう地域もある。生まれた子どもの仲間入りだと説明することが多いが、これも大勢で食べる共食の意味が認められる。

通過儀礼の中には、このように親戚だけではなく、多数の人にものを食べてもらう儀礼がある。山梨県富士吉田市では、男性の四二歳、女性の一九歳の厄年《やくどし》の節分《せつぶん》に、大がかりな豆撒《まめま》きをする。神社で豆を撒くのに加え、自宅の二階からは、豆のほか、餅、菓子、ミカン、現金も撒く。さらに親戚や知人を呼んで大盤振る舞いの宴会を行い、宴会によばれた人は「厄を食ってくる」といって手ぶらで行くものだとされる。互いに何かをやりとりする贈答というのではなく、一方的に贈与することによって厄を払うのである。

産飯を出産の後ただちに炊くように、人が亡くなるとすぐに飯を炊き、枕飯を作る。図5は石川県七尾市の米を入れる布袋である。亡くなったという知らせが届くと、まず、この袋に米を入れて持ってゆく。男性は玄関から入るが、女性は米を入れた袋を持って勝手口から入り、米を台所で容器に移してから線香を上げるという。亡くなった人の家族が炊事をすると米の色が変わるといって、家族は

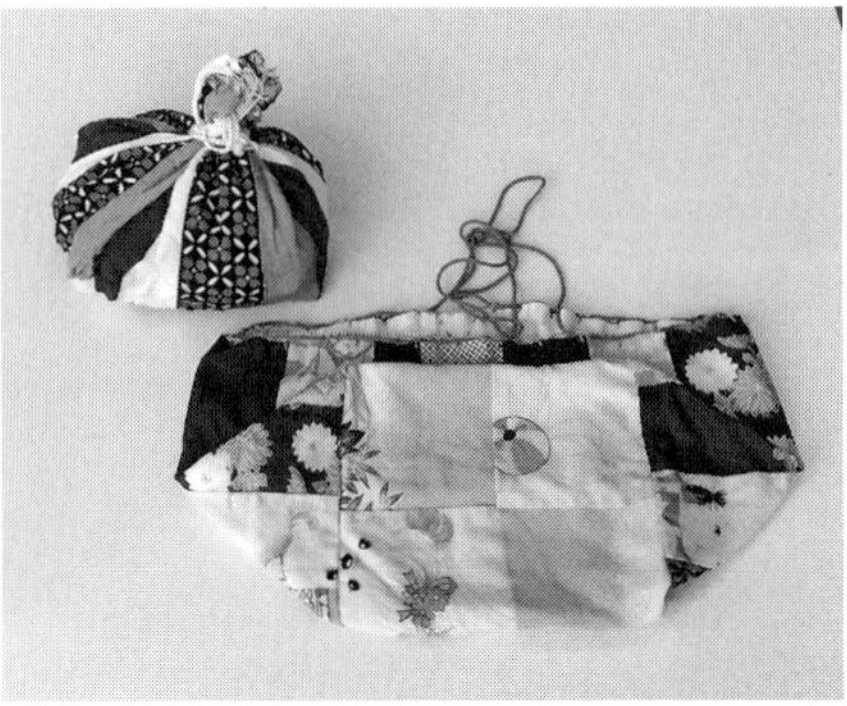

図5　(左)米1升を入れた袋　(右)2升用の袋
(石川県七尾市のもの)

炊事を一切せず、近所の女性が炊事を仕切る。集められた米は、炊事を任された女性たちによって調理され、家族や葬儀に関わる人たちの三度の食事に提供される。この米を入れる布袋は一升くらい入る大きさのものが多いが、二升入る大きな袋もある。ここでは、葬式ばかりではなく、報恩講などの寺の行事や神社の祭礼などで米を持ってゆくことになっており、現在では布の袋を持っていない家のために社寺から米を入れる紙袋が配られることもある。

「日本の主食は米」と一般に考えられているが、日常の食事では、かならずしも米を主要なカロリー源として食べてきたわけではない。麦、稗《ひえ》、粟《あわ》などの雑穀や、イモ類、根菜類などでカロリーを摂取してきた。しかし、米を十分に食べることができなくても、米の持つ呪力の重要性は柳田国男《やなぎたくにお》が『食物と心臓』で繰り返し述べているように、さまざまな儀礼で米は重要な食物であり、儀礼には米を中心とした贈答が伴う。出産時における力米や産飯をめぐり、実家が食物を贈ることや、出産に関わった大勢の人たちが一緒に産飯を食べることは、米のもつ力はもとより、それが、どこから贈られたものか、だれと食べるのかも大事なのである。

お裾分け　神奈川県の西部に標高一二五二メートルの大山《おおやま》がある。この大山の東側から南側にかけて「大山かんだち来そうで来ない、隣のぼた餅来そうで来ない」という諺《ことわざ》が知られている。さらに補足説明する形で「大山かんだち来そうで来ない、隣のぼた餅来そうで来ない、音ばかり」ともいう。大山は丹沢山《たんざわさん》山塊にある独立峰で、遠くから美しい山容がよく見え、山頂には大山阿夫利《おおやまあふり》神社があって、雨乞いの神としても知られている。かんだちは雷のことをいう。夏の日照りが続くとき、大山には雷雲がかかっているのが農村からよく見え、自分の村に雷雲がいつ来るかと待っていても来ない。それと同じように、隣の家では朝からぼた餅を作っている気配がする。ぼた餅のお裾分けがいつ来るかと待っていてもとうとうお裾分けは来なかった。そういう意味の諺である。

それぞれの家で祝い事があれば、餅を搗《つ》いたり赤飯を蒸かしたりする。餅を搗くほどの祝い事であれば、近所へのお裾分けは当然だが、ぼた餅ならば、お裾分けをしなくても非難されることはない。このような地域の中での暗黙のルールは、餅とぼた餅のポジションの違いを示しているが、彼岸《ひがん》のぼた餅のように、ぼた餅を親戚の間でやりとりすることは多い。同じ食物であっても、儀礼に関わって作るときと、ちょっとした来客のときや余裕があって作るときとは事情が変わる。贈答には、時と場合と、家同士の関係性といった機微がはたらく。

晴《はれ》の日の食物ではなく、日常の暮らしの中でもお裾分けの機会は多い。味噌《みそ》を作るために大豆を大《おお》釜《がま》で煮るときは、近所の家に茶碗に一つでも持ってゆくものだという。「味噌豆は七里戻っても食え」

という諺があり、これは昔話の「継子《ままこ》の釜茹《かまゆ》で」に由来する。内容は次のようである。昔、継子を釜茹でにして殺した継母がいた。釜茹でにしているときに和尚《おしょう》に見とがめられ、「味噌豆を煮ている」と嘘をついた。和尚は「味噌豆は七里戻っても食えという」といい、釜の蓋をあけ、悪事が露見した。それで、本当に味噌豆を煮たことを証明するために、味噌豆を煮たときには少しであっても近所に配るものだというのである。

「七里戻っても食え」とは出かけてしまっていても戻ってきて味噌豆を食べよ、ということである。戻ってでも食べるくらい煮た大豆はおいしくて栄養価があるということだが、それだけではない。味噌は三年味噌といい、三年ほど寝かせてから食べるものだという。長期保存することは、それが可能な余裕のある家だと示すことにもなり、万一、味噌が腐敗してしまうようなことがあれば、不吉なことになる。味噌作りは失敗がないように日を選ぶことも多かった。福島県いわき市では、味噌豆を煮るときは近所の何軒かが手伝いに来るが、かならず手伝いの家に味噌豆を食べてもらった。「三軒戻っても味噌豆を食べよ」といって、味噌豆を食べないで帰ると仲違いをしたことになるという（和田一九七七）。味噌作りには味噌豆を食べるという共食が必要であり、近所へのお裾分けにも共食の意味があると思われる。

漁村では、大漁のときに船の乗組員以外の家にも魚を配る。近所の家、懇意にしている家などに配るが、狭い集落であれば、ほぼどの家にも配られたものである。「やったりとったり節供餅《せっくもち》」での贈答は決められた家同士で行われたが、このように近所に住む地縁でゆるやかに結ばれた贈答も、日常生活のさまざまな場面で見ることができる。

千本杵　千本杵《せんぼんぎね》という餅搗きの方法がある。千本搗きともいい、大勢が杵を持って臼《うす》を囲み、餅を搗くことをいう。千本搗きは、餅搗きばかりではなく、建築や土木工事で地面を突き固めることもいう。餅搗きの千本搗きは、祭礼など特別なときに行われ、餅搗き歌を伴うことも多い。一九世紀前半の「大和国《やまとのくに》高取領《たかとりりょう》風俗問状《ふうぞくといじょう》答《こたえ》」の正月に「当屋《とうや》のものは、正月八日より一年精進し、搗時は千本杵を以て村中集り、あばれ搗にいたし候」とある。千本杵は村をあげての餅搗きであり、「あばれ搗」というように搗くときの所作に特徴があったことがわかる。

福島県東白川郡矢祭《やまつり》町では、旧暦六月二八日に宝坂地区の不動尊《ふどうそん》の祭礼があり、地区の全戸から米を集め、千本杵で餅を搗いた。杵は前日に山から採ってきた木の棒である。搗き上がった餅は「お護《ご》符《ふ》」だといい、地域に住む全員が集まってきて食べたものであった。旧暦六月二八日は、シメキリとよぶ道切りがあり、地区の境に笹竹を立て、注連縄《しめなわ》を張った。使用した千本杵は道切りの笹竹に立てかけておいた。（矢祭町　一九八四）。千本杵は、大人数による魔除けや祝福を期待するものであり、矢祭町の事例は、地域の全員に力が分配され、さらに使用した千本杵にも呪術的な力があることを示す。

千本杵の材料の糯米《もちごめ》は、集落の全戸から集めた。このように、祭礼など地域全体で行われる行事では、全戸から米を集めることが多く、大勢から集めた米で作った餅が神に供えられ、共食によって分配されるのである。その場に集まって食べるだけではなく、祭礼の中で餅や粽《ちまき》など神に供えた食物を撒く例も多い。撒かれた食物は「お護符」の力があるとされ、家に持ち帰って家族で分けて食べる。

上棟式　家を単位に儀礼の機会を考えると、年中行事は年に一度、通過儀礼は家族の形にもよるが一生のうちに何回かは儀礼に立ち会う機会がある。しかし、家の普請《ふしん》のように一生の中で経験しないかもしれない儀礼もある。普請にあたっては、地鎮祭《じちんさい》、地搗き、上棟式《じょうとうしき》、屋根葺《やねふ》き祝い、家移《やうつ》りなどの儀礼があり、そのたびに祝宴が行われる。とくに上棟式は大きな儀礼であり、棟木の上に設けられた祭壇に餅を供え、上棟式がすむと集まった人々に餅が撒かれる。上棟式に撒く餅は、妊婦が食べると安産になるというところもある。

図6　牛腸（新潟県南魚沼市、津山正幹提供）

上棟式には、親戚や近所の家から米や酒などの普請見舞いが贈られる。この普請見舞いの贈答を牛《ご》腸《ちょう》とよぶ地域が新潟県や北陸地方を中心にみられる。牛腸の呼称について柳田国男は、「午餉と間食」（『食物と心臓』）で、ヒルゲの午餉の意味ではないかと述べているが、津山正幹は牛腸について、民家の桁行《けたゆき》方向に入れる梁を牛梁《うしばり》ということや、新築の家に儀礼として牛を引き入れる儀礼があることをあげ、建築儀礼としての牛との関連を示している。牛腸は現在では簡略化されていて、酒に「牛腸」と書いた熨斗《のし》をつけて贈ることが多いが、新潟県新発田《しばた》市紫雲寺町では一八六五年（元治二）の「家造り替ニ付牛腸見舞貰覚帳」に「牛腸」として「縄、竹、酒、赤飯、うどん、麦麺、鯛《たい》、秋鯵《あきあじ》、秋味、にしん、阿ら、平目《ひらめ》、こんぶ、いんげん、ねぎ、茄子《なす》、夕かお、菊《きく》、大根、木瓜《きうり》、野菜、玉子、羊羹《ようかん》、茶、蒸物《むしもの》」とあり、件数では酒が多く、次いで縄と赤飯が多いという（津山　一九九一）。「秋鯵、秋味」は鮭のことである。縄や竹という普請のための材料もあるが、さまざまな食物が贈られており、普請に伴う共食に用いられたことが窺える。一つの火で調理した食物を食べることが共食であるが、その材料も、多くの人々から贈られたものであることが大事なのである。

参考文献

板橋春夫　二〇〇七年『誕生と死の民俗学』吉川弘文館
伊藤幹治　一九九五年『贈与交換の人類学』筑摩書房
小川直之　二〇〇三年「正月」新谷尚紀・波平恵美子・湯川洋司編『暮らしの中の民俗学2　一年』吉川弘文館
二〇一三年『日本の歳時伝承』アーツアンドクラフツ

曲亭馬琴編、堀切実校注　二〇〇〇年『増補俳諧歳時記栞草　下巻』岩波文庫
群馬県　一九八〇年『群馬県史　資料編27民俗3』
郷田洋文　一九五九年「交際と贈答」『日本民俗学大系第四巻　社会と民俗第二』平凡社
小馬　徹　二〇〇〇年『贈り物と交換の文化人類学』神奈川大学評論ブックレット、御茶の水書房
相模原市　二〇一〇年『相模原市史　民俗編』
新谷尚紀　二〇〇三年「盆」新谷尚紀・波平恵美子・湯川洋司編『暮らしの中の民俗学2　一年』吉川弘文館
相馬市　一九七五年『相馬市史3　各論編2民俗人物』
田中宣一　一九九二年『年中行事の研究』桜楓社
津山正幹　一九九一年「牛腸」『高志路』三〇二号
　　　　　二〇〇八年『民家と日本人』慶友社
松岡悦子　二〇〇三年「妊娠・出産―いま・むかし―」新谷尚紀・波平恵美子・湯川洋司編『暮らしの中の民俗学3　一生』吉川弘文館
宮田　登　一九九七年『正月とハレの日の民俗学』大和書房
八木　透編　二〇〇一年『仏教大学鷹陵文化叢書4　日本の通過儀礼』思文閣出版
柳田国男　一九四〇年『食物と心臓』創元社（のち一九九〇年『柳田国男全集17』ちくま文庫）
　　　　　一九四二年「親の膳」『民間伝承』八巻一号（通巻七九号、のち一九九〇年『柳田国男全集17』ちくま文庫）
　　　　　一九七四年『分類食物習俗語彙』角川書店

山崎祐子　二〇〇三年「中元と歳暮」新谷尚紀・波平恵美子・湯川洋司編『暮らしの中の民俗学2　一年』吉川弘文館
大和市　一九九六年『大和市史　8(下)』
矢祭町　一九八四年『矢祭町史　第1巻』
湯川洋司　二〇〇八年「村の生き方」湯川洋司・市川秀之・和田健『日本の民俗6　村の暮らし』吉川弘文館
和歌森太郎　一九四七年「村の社交と義理」『社会と学校』一巻四号（のち一九八一年「村の交際と義理」『和歌森太郎著作集第九巻　日本民俗学の理論』弘文堂）
一九五三年『日本人の交際』アテネ文庫、弘文堂（のち一九八二年『和歌森太郎著作集第一二巻　日本の民俗と社会』弘文堂）
和田文夫　一九七七年『いわきの民俗　上』いわき民報社

神饌

黒田一充

1　神仏への供え物

祭りと供え物　和食・洋食・中華料理とさまざまな料理が毎日の献立に並ぶ現代社会では、特別なハレの食事といってもなかなかわかりにくいかもしれない。それでも、祝い事には赤飯が出され、正月には雑煮やおせち料理など、特別な料理が並ぶことは理解していただけるだろう。

「祭」という漢字は、示がまつりごとを行うための机を表し、月は肉づきで肉を表すことから、神に供える生贄《いけにえ》の肉を右手でつかんで、机の上に置くことを表すとされる（白川　一九七八）。日本語の訓読みの「まつり」も、「たてまつる」など、捧げるという意味から来たものとされており、どちらも供物《くもつ》を差し上げることを表している。

供え物を調理する際は、御供所《ごくしょ》など人間の食事とは異なる場所を使い、身を清めてマスクをし、火打ち石などでわざわざ火をおこすなど、別火《べっか》にする所もある。神前に供える時も、マスクや榊《さかき》の葉を口にくわえて息がかからないように気を付ける所も多い。

家の神棚や仏壇に毎日供え物をするように、祭りの儀礼を始める際には、神社も寺院も最初に供物を運んで神や仏の前に並べ、儀礼が終わると撤去する。神社の場合は神饌《しんせん》、寺院の場合は仏供《ぶっく》と呼び名は異なるが、いずれもその土地でとれた最高級の食材を使った特別食を出している。

熟饌から生饌へ　滋賀県栗東《りっとう》市大橋の三輪《みわ》神社では、五月三日に春祭りが行われる。その際、東西の組の頭屋《とうや》（当番の家、当屋ともいう）から、行列を組んで神饌が運ばれる。中心となる献立はドジョウ鮨《ずし》だが、その仕込みは半年以上も前の九月下旬に行われる。

鮨の発酵に日数がかかるため、昔は「神さんの早生《わせ》」とよぶ特別な早生米を頭屋が栽培した。その稲が稔る一〇月初旬に田の水を抜くと、村内を流れる川を堰き止め、逃げ出したドジョウやナマズを村中総出で捕まえて鮨に仕込んだのだという。現在は、鮮魚商から生きたドジョウを購入し、塩を掛ける。「お彼岸の最中なのに殺生なことで」と地元の人が話をしながら、鮨桶《すしおけ》の中に炊いた御飯とともに入れる。

早生米の栽培はなくなったが、御飯に混ぜる蓼《たで》の葉は頭屋が引継いでいる。前年の頭屋から受け取った蓼の株を育て、夏の土用の前に刈り取る。それを乾燥させて細かく砕き、炊いた御飯が若草色になるまでたっぷり混ぜて鮨桶に入れる。ドジョウ・蓼飯・ナマズと順に層になるよう重ねていき、最後に塩を撒く。それを順に三回繰り返したあと、おこげの御飯を敷き詰めて最後に蓼の茎で覆い、三つ編みの縄で蓋をして重しの石を載せる。鮨桶の周りに新しい薦《こも》を巻き、縄で括って幣《ぬさ》を付け、翌年の五月一日の口開けまで縁側の隅に置いておく。水分が減ってくると、上から水を追加する。

祭りの当日は、皿に御飯を盛ってドジョウを載せる。発酵が進んでいるため、周りに臭いが漂う。唐櫃《からびつ》に入れて神社へ運び、神前に供えたあと、参拝者に振る舞われる。酸味が強く舌先に刺激を感じるが、地元の人には抵抗はないようで、子どもたちが我先に手を出している。滋賀県には、鮒鮨《ふなずし》を春祭りに供える神社も多い。いずれもこのように手間暇をかけ、地元の最高級料理を準備しているのである。

こういった地元でとれた食材を使って調理したものを供えるのが本来の姿であったが、現在では野菜を丸ごと三方《さんぽう》に載せて供えることも多い。調理をした供物を熟饌《じゆくせん》とよぶのに対し、これらは生饌《せいせん》とよばれる。そういった所で祭りの供え物は何かと尋ねると、「山のもの・里のもの・海のもの」という返事が戻ってくることが多い。山のものは雉子《きじ》などの山鳥や山菜類、里のものは米や野菜、海のものは鯛《たい》などの魚や海藻類を指すが、これは古くからのものではない。明治政府が神道強化策の一環として全国の神社における祭儀の統一をはかり、神饌の規程を定めたからである。

一八七三年（明治六）に「官幣諸社官祭式《かんぺいしょしゃかんさいしき》」、七五年に「式部寮神社祭式《しきぶりょうじんじゃさいしき》」が出された。祭りによって数や種類は異なるが、ほぼ同じ内容であるため、「官幣諸社官祭式」を引用したい。

大社

神饌　拾一台　但一前

一和稲荒稲　一酒　一餅　一海魚　一川魚　一山鳥　一水鳥　一野菜三種　一海菜二種　一菓二種　一塩水

中社

神饌　拾台　同上

一和稲荒稲　一酒　一餅　一海魚　一川魚　一鳥　一野菜二種　一海菜二種　一菓　一塩水

小社

神饌　九台　同上

一和稲荒稲　一海魚　一川魚　一鳥　一野菜二種　一海菜二種　一酒　一菓　一塩水

こうした政府の方針に対し、京都の上賀茂《かみがも》神社、下鴨《しもがも》神社や奈良の春日《かすが》大社など、古い歴史を持つ神社から反対の声が出て、一八八四年から旧に復してもよいことになった。しかし、政府の方針はそのまま継続されたため、かえって古くからの熟饌の方を特殊神饌とよぶようになっている。このため、地域色が強い熟饌については、個別に紹介されることはあっても、岩井宏實と日和祐樹が近畿地方の事例を紹介するまでまとまった研究はなかった（岩井・日和　一九八一）。それ以降は研究が進み、近年はカラー写真を使った書物が増えている。

2　さまざまな供え物

動物を供える　一二月の奈良市の春日若宮祭《かすがわかみやさい》では、御旅所《おたびしょ》で桔梗立《ききょうたて》・小御飯《しょうのごはん》・大御飯《だいのごはん》・居御菜《いのおんな》・染分け・追物《おいもの》・盛物・菓子・四食・瓶《みか》の一〇種類の神饌《しんせん》を供える。このうち、染分けは米を青・黄・赤色に染め、白色のままの米とともに筒状の芯に貼り付けたもので、盛物も黒豆・小豆《あずき》・大豆・栢《かや》の実をそれぞれ筒状に貼り付けている。立体的で美しいため御染御供《おそめごく》とよばれる。

これに対して祭りの二日前の餅飯殿町《もちいどのちょう》での大宿所祭《おおしゅくしょさい》には、祭り当日のお渡り行列の衣裳や道具類を並べるとともに、動物が供えられる。一七四二年（寛保二）の『春日大宮若宮御祭礼図《かすがおおみやわかみやごさいれいのず》』には、大宿所の建物内に献菓子（明治初年の記録では、米粉の団子・衣《きぬ》かずき芋・ミカンなどを盛りつけ、上部に松葉を飾っていた）という大きな神饌が飾られ、庭に設けた杉葉の仮屋に雉子《きじ》・兎《うさぎ》・狸《たぬき》などが懸けられた様子を描いた絵が載っている。

雉子　都合一千二百六十八羽　兎　百三十六耳　狸　百四十三疋　塩鯛《しおだい》　百枚　斗樽　百六ツ

と本文にあり、非常に多くの数の動物が大和《やまと》国中から集められたことがわかる。

現在も、懸物《かけもの》とよばれて雉子・鯛・鮭《さけ》などが吊されている。雉子を供えることは他所でもあるが、狸や兎といった動物を供える所は少ない。春日大社の祭りの中で、この大宿所の懸物だけが動物を供

図１　春日若宮祭・大宿所の懸物（奈良市）

えている。仏教は肉食を避ける傾向があり、特に若宮祭は興福寺《こうふくじ》が関わった祭礼にもかかわらず、非常に古い伝統が残っている。

長野県茅野市の諏訪《すわ》大社上社前宮で行われる四月の御頭祭《おんとうさい》には、鹿《しか》の頭部の剝製と肉を供える。中世には毎年七五頭の鹿を供えたと伝えられ、江戸時代の菅江《すがえ》真澄《ますみ》の『粉本稿《ふんぽんこう》』には、鹿の頭部や串刺しにした兎・鷺《さぎ》・雉子・鯉《こい》・鮒《ふな》などのスケッチが残っている。

茨城県大子《だいご》町小生瀬《こなませ》の諏訪神社では、三月の例祭に十三頭と七十二切とよばれる神饌を供える。十三頭は鹿と猪《いのしし》の頭を供えたと伝えられ、七十二切も鹿と猪の肉を七二枚に切って供えていたが、現在は赤身の魚の刺身になっている。

千葉県の房総半島南部の神社では、一二月に神狩《みかり》神事が行われる。祭りの前には籠もりの期間があり、その間に祭神が畑を荒らす鹿や猪を狩るのだと伝えられ

図2　神楽の奉納とともに供えられる猪の頭部(宮崎県西都市、銀鏡神社)

る。館山市の安房《あわ》神社では、捕らえた獣の舌を表す紅白の「舌の餅」を祭りに供える。君津市清和《せいわ》市場《いちば》の諏訪神社の「しし切りまち」の神事でも、物忌《ものい》みの一〇日間に猪や鹿を狩り、その肉を神前に供えたと伝えられる。現在は兎の肉から鶏肉に変わっているが、神前に肉を供えたあと、境内に置いた桶《おけ》に入れた肉を参詣者たちが奪い合う。

宮崎県では、冬になると高千穂《たかちほ》・椎葉《しいば》・米良《めら》・霧島《きりしま》山麓などの山間部で夜神楽《よかぐら》が奉納される。その中には、祭りの前に猪を捕らえて神前に供える所がある。高千穂町の高千穂神社では、旧暦一二月の猪掛《ししかけ》祭で猪一頭を供える。西都《さいと》市の銀鏡《しろみ》神社でも、一二月の大祭前に捕らえた猪の首を御神屋の祭壇に供え、朝まで夜通し神楽を奉納する。神楽が終わって休憩後、昼前に翁《おきな》と嫗《おうな》が猪狩りの所作をするシシトギリが演じられて祭りが終わる。

その後、山の恵みとして参列者に猪肉が入った粥（シシズーシー）などが振る舞われる。沖縄でも、豚や牛を供える祭りがあり、動物の肉を供えることは全国的に行われていた。

唐　菓　子　神饌の中には、米粉を練って油で揚げた油菓子を供える所もある。紐状にして絡ませたマガリ（糫餅）や、餃子《ぎょうざ》のような形が伏せた兎の姿に似ているためにブト（伏兎・餢飳）とよばれるものがあり、大陸から遣唐使が伝えたとされる。

大阪市住吉《すみよし》区の住吉大社では、二月の祈年祭《きねんさい》と一一月の新嘗祭《にいなめさい》に供えるため、前日に神職たちが調理する。うるち米を細かく製粉した上用粉に水と適量の塩を入れてこね、細長く伸ばしたあと、団子状にちぎる。ふきんに包んで蒸籠《せいろ》で蒸し、蒸し上がると新しいふきんに包み、まな板の上に載せて手の平で何回も押しつける。さらに団子の大きさにちぎって手の平でこね、空気を抜いていく。

図3　住吉大社の神饌　ブトとマガリ（大阪市住吉区）

ブトは円形に伸ばして中に大豆を三粒入れ、半分に折って餃子のように縁にひだを作って包む。マガリは丸く盛り上げた小餅の四方に指先で窪みを付け、中央に残った突起部分に庖丁《ほうちょう》の背（昔は篦《へら》）で×の線を入れる。かつて麻苧《あさお》で縛っていた痕跡だという。ブトもマガリも五〇個ずつ作り、そのうち半分を菜種油で揚げ、神前には、揚げたものと生のままのものを一緒の器に盛って供える。揚げてはサクサクした食感のようだが、翌日の神事のあとのお下がりでは堅くなっているため、吸物などに入れて食べるという。

大阪府八尾市の恩智《おんぢ》神社の一一月の御供所《ごくしょ》神事でも、祭りの前に氏子の男性たちが神饌を作る。餅と餅バイシ（梅枝）、米粉を練った粢《しとぎ》団子を作って菜種油で揚げたオオブト、マガリ、バイシの五種類で、これらの餅と団子を組み合わせて人形《ひとがた》にして供えたと紹介するものがあるが、実際は種類ごとに新藁《わら》で括って三方《さんぼう》に載せ、祭りの当日に供える。

唐菓子《からかし》は上賀茂《かみがも》神社や下鴨《しもがも》神社でも作られており、春日若宮祭の神饌の菓子にも餢飳《ぶと》・菊餢飳・三梅枝と梨（糫餅《まがり》のこと）がある。

百味の御食　奈良県桜井市多武峰《とうのみね》の談山《たんざん》神社では、一〇月の嘉吉祭《かきつさい》で供える神饌を「百味《ひゃくみ》の御食《おんじき》」とよんでいる。特徴的な神饌は荒稲《あらしね》御供と果実盛御供で、荒稲御供は台の芯木に糊《のり》を付けた円筒形の和紙を通し、あらかじめ赤・黄・緑に彩色しておいた米を一粒ずつ貼り付けながら、卍や菱形・三角形などの模様をひとつずつ描く。果実盛御供は台の上に茗荷《みょうが》を刺し、竹串に付けた栗・榧《かや》・銀杏《ぎんなん》・零余子《むかご》などを円筒形に刺していく。色鮮やかな供え物で立体的な談山神社の百味の御食は、若宮祭の御染御供とよく似ている。

談山神社は、藤原鎌足《ふじわらのかまたり》の廟所《びょうしょ》の多武峰寺が前身で、明治初年の廃仏毀釈で祭りは中断し、その後

図4　佐牙神社の百味御食(京都府京田辺市)

復興されたため、現在の百味の御食は近世以前の姿がそのまま伝わるものではない。江戸時代の九月祭礼に関する史料では、神前の左右に二〇杯ずつの神供を並べたようであり、江戸時代から百味の御食とよばれていたかどうかは不明である。

「百味の御食」の名称を持つ神饌は、他所にもある。京都府京田辺市の佐牙《さが》神社では百味とよばれ、御旅所に到着した神輿《みこし》の前に一〇〇種類を超える野菜や果物などを供えている。

京都府宇治市白川の白山《はくさん》神社の百味御食は、豆・芋・キノコ、果実、野菜類など一二〇種類を超える材料を小さく角切りにし、マンボという蔓草《つるくさ》の固い茎に刺して盛っていく。木津川市山城町の涌出宮《わきでのみや》の百味の御食は、氏子の各戸から集めた野菜や果物を折敷《おしき》に載せ、本殿と拝殿の間の階段に置いた長机に並べる。実際は一三〇ほどの数になる。

また、七五膳《ぜん》の神饌を供えるという神社も多い。香川県三豊《みとよ》市熊岡八幡宮《くまおかはちまんぐう》の秋祭りでは、鏡餅と丸餅・吸物餅・柚《ゆず》の葉《は》餅・結《ゆい》餅・御飯を円錐形にしたオゴク・鰹節《かつおぶし》などを膳に載せ、あわせて七五膳用意する。観音寺《かんおんじ》市の琴弾八幡《ことひきはちまん》神社の秋祭りでも、御旅所で神輿に七五膳の神饌を供え、岡山市の吉備《きび》津《つ》神社でも七十五膳据神事がある。

寺院の供物　「百味の御食」の百は具体的な数を表すのではなく、非常に多くの食事という意味であり、『仏説無量寿経《ぶっせつむりょうじゅきょう》』巻上に「百味飲食自然盈満《おんじきじねんえいまん》」（さまざまなすばらしい食べ物や飲み物があふれるほど盛られる）とあるように、仏教の影響が強い語である。

談山神社から神輿が一時遷された明日香《あすか》村の橘寺《たちばなでら》でも、四月と一〇月の日曜日に聖徳太子会式《しょうとくたいしえしき》が行われる。境内の阿弥陀《あみだ》堂《どう》内に朝から五〇種一〇〇台の三方に供物が並べられ、百味の御食とよばれる。午後からの法会《ほうえ》では、阿弥陀堂から本堂の間に参拝客が並んで三方を手渡しで送り、本堂内の左右の壁に五〇台ずつ並べる。

寺院の仏供《ぶつく》の中にも、特色のある供え物がある。奈良県斑鳩《いかるが》町の法隆寺で、聖徳太子の命日にあたる三月の聖霊会《しょうりょうえ》には、聖徳太子像の前に供物が並べられる。上段に仏飯と重餅、中段には小判餅や三輪素麺《みわそうめん》などの五杯御膳、下段に十三杯御膳とよばれる椎・青豆・金柑《きんかん》など一三種類の盛物を供える。供物の両側には、須弥山《しゅみせん》を表すとされる大山立《おおやまだて》が飾られ、大山立の筒状の山の上部には、竹串の先に鳳凰《ほうおう》やツバメをかたどった団子を付ける。

図５　金剛寺・正御影供法要の百味飲食（大阪府河内長野市）

大阪府河内《かわち》長野《ながの》市の金剛寺《こんごうじ》では、四月の正御影供《しょうみえく》に宗祖空海の御影の前に、百味飲食を供える。蒸した米を大きな器に入れて輿に載せる仏供と、赤・黄・緑などの色で彩色した餅や豆類を筒状の芯に積み上げた盛物など、非常に色彩が美しい。

盛物でなくても、餅などを高く積み重ねる所は多い。奈良市東大寺二月堂の修二会《しゅにえ》では、本尊を安置する厨子《ずし》前に餅がうずたかく積まれ、その儀礼をまねたという三重県伊賀《いが》市島ケ原の観菩提寺《かんぼだいじ》（正月堂）の修正会《しゅしょうえ》でも、丸餅を積み重ねた上に棕櫚《しゅろ》と人参《にんじん》・ミカンで作った鬼の頭部を載せて本尊の前に供える。

これらはおそらく堂内の仏像の前に供えることから、三方の上に置く平面的な神饌に対して、立体的にする方が見栄えがよいということも考慮されたのではないかと思われる。春日若宮祭も、興福寺の僧侶が関与した祭りとして始まったとされており、御旅所での神饌は寺院での仏供の影響が強いと考えられる。談山神社はもともと神仏習合の寺院であるのでいうまでもない。神饌が仏供に影響を受けたのと反対に、神饌が仏供に影響を与えたこともあり、それぞれ互いに影響し合って伝統の食事が残っていったのだろう。

畑作の祭り　御飯や餅、神酒《みき》は米を材料としたものだが、畑作の地域では麦や芋を供える所が多い。麦は収穫時期にあたる夏祭りに出されることが多い。静岡県熱海《あたみ》市の来宮《きのみや》神社では、七月の例大祭に大麦を炒って粉にした麦こがしを百合根《ゆりね》・橙《だいだい》・野老《ところ》とともに供え、神輿の渡御の際には先頭の猿田《さるた》彦《ひこ》（天狗）が道に撒きながら進む。これを浴びると無病息災に過ごせるという。滋賀県甲賀《こうか》市水口《みなくち》町牛飼《うしかい》の総社《そうじゃ》神社でも、新麦と麹《こうじ》で一晩発酵させた麦酒を作っている。

図6　里芋祭の神饌（千葉県館山市）

千葉県館山《たてやま》市茂名《もな》の十二所《じゅうにしょ》神社の二月の祭りは里芋祭とよばれ、里芋を当番宅から神社へ運んで神前に供える。里芋は氏子の家が二軒一組になって栽培し、当番宅に持ち寄る。皮を剥いでアカハギの枝でつなぎ、メシツギとよぶ容器に積む。ひとつの器に七〇個ほどの里芋を盛って頂部に開花した梅の枝を三本ずつ挿す。二基の里芋の山ができると籠《かご》に入れて棒に吊し、前後をふたりが担いで餅や二尾の鯛の神饌とともに神社へ運ぶ。里芋の準備や運搬の行列、神社での神事と終了後の当渡《と》しも男性だけで行う。

3　神饌の運搬と食事

神饌を運ぶ　祭りの前に頭屋《とうや》宅で調理された神饌《しんせん》は、参列者が行列を組んで神社へ運ぶ。三方《さんぽう》に載るものは唐櫃《からびつ》などに入れるが、里芋祭のように、唐櫃に収まらないさまざまな形態の神饌もある。

奈良県曽爾《そに》村の門僕《かどふさ》神社では、円形の台に芋茎《ずいき》を束ねて芯にし、その周囲に柿と小餅を竹串で刺して盛り上げたものを頭甲《スコ》とよび、平たい丸餅に小豆《あずき》を散らした「犬の舌」とともに用意する。頭甲は頭屋が榊《さかき》の葉を口にくわえ、肩に担いで神社に向かう。

奈良市東九《とうく》条《じょう》町の八幡神社（大安寺八幡宮）では、麦藁《むぎわら》を束ねた胴に四角い餅を刺し、上部に長餅や檜葉《ひば》、笠餅を載せる。隣の西九《さいく》条《じょう》町の倭文《しずり》神社でも曲げ物に麦藁を詰めて幣串《へいくし》や餅を刺す。その上部には里芋に顔を描いて海藻の髪を付けたものや、里芋の茎で作った蛇を載せる。

奈良県五條市西阿田《にしあだ》の御霊《ごりょう》神社では七つ御膳《ごぜん》とよび、柿・柚《ゆず》・栗・大根・人参《にんじん》・餅・田芋を付け

図7　御園神社の芋茎神輿(京都府八幡市)

た竹串を藁の輪に突き刺す。吉野川沿いには、このような竹串に刺した神饌が多い。宇陀《うだ》市の室生《むろう》龍穴《りゅうけつ》神社でも、新藁を芯にして芋茎と棕櫚《しゅろ》を巻いた筒状の軸を立て、上部に唐芋《からいも》を置く。軸の周囲に栗・ミカン・柿・小餅を竹串で刺す。これらの神饌は、台に載せてふたりで運ぶ。

滋賀県長浜市の川道《かわみち》神社では、二月のオコナイに一俵の餅を搗《つ》いて鏡餅にする。九〇キロを超える重さのため、台の上に載せて提灯《ちょうちん》を吊した屋根をかぶせ、神輿《みこし》のように若衆たちが担いで神社に納める。七地区の鏡餅が拝殿に揃うと壮観である。

供物《くもつ》そのものを神輿にする所もある。里芋の茎で屋根を葺くため、芋茎神輿とよばれる。京都府八幡《やわた》市上奈良の御園《みその》神社では、祭りの前日に地区の公民館で作り、当日朝に神社へ運ぶ。入母屋《いりもや》形の屋根は里芋の茎で、頂上にはヘチマの鳳凰《ほうおう》、棟には茗荷《みょうが》の鶴のほか、干瓢《かんぴょう》・稲穂・ナタ豆・サンド豆・ミカン・リンゴ・栗・柿・トウガラシなど三〇種類以上の野菜を使う。

芋茎神輿は、滋賀県野洲《やす》市の御上《みかみ》神社、京都市上京区の北野天満宮のほか、京都府京田辺市の棚倉《たなくら》孫《ひこ》神社（二年に一度）でも作られ、氏子区域を巡行して神社に運ばれる。

大阪府南部ではだんじりが出る所が多いが、泉大津市の泉穴師《いずみあなし》神社の秋祭りには、飯之山《いいのやま》だんじりが出る。白米一斗八升に糯米《もちごめ》五升を混ぜて蒸飯にし、器の上に円錐形に盛ってだんじりの上に載せ、神輿とともに御旅所に向かう。蒸飯は一晩で発酵させて、甘酒にする。

頭上運搬の女性　これまで紹介した神饌は、男性だけで行列を組んで神社に運ぶが、女性が神饌を頭上に載せて運ぶ所もある。古い運搬方法を伝えるものなので、かつて女性が祭祀に関わっていた名残だと考えられている（上井　一九六九）。

福井県敦賀《つるが》市刀根《とね》の気比《けひ》神社の霜月祭《しもつきまつり》では、東西二軒の頭屋宅で神饌が作られたが、現在は一緒に公民館で準備をする。神饌は米を精白して蒸し上げた御供《ごく》と、若衆たちが集まって餅を搗いて楕円形にした「牛の舌」で、これらは楕円形の櫃に入れて莚《むしろ》で包み、宮上げという役の四人が背負って神社に運ぶ。その後、東西二組の行列も神社に向かうが、その中に振り袖姿のヒツノフタという少女が登場する。小豆を混ぜて搗いた赤色の伸《の》し餅と串柿に、東座は昆布、西座はスルメをそれぞれ四八個ずつ櫃の蓋の中に入れる。ふたりの女性がその櫃の蓋を持ち、少女の頭上に掲げて運んでいく。

介添の人たちが頭上に掲げるのは少女がひとりで頭上に載せて運ぶのが困難なためで、女性がひとりで運ぶ所もある。京都市左京区の北白川天神宮では、小芋、大根なます、刻みスルメをそれぞれ円

図8　弘川祭の御供持（滋賀県高島市）

錐形に高く盛った高盛御供を四人の女性がそれぞれ頭上に載せて運んでいる。滋賀県大津市山中町の樹下《じゅげ》神社の御膳持ちも、赤飯や神酒、豆腐・ワカメ・カマスなど、山野や海の食べ物を大小の土器《かわらけ》に盛って大きな御膳に入れ、未婚の女性が頭上運搬で神社に運ぶ。

滋賀県高島市今津町の弘川祭《ひろかわまつり》では、公民館を出発する際には、御供かきとよばれる男性が供物を頭上に載せる。ところが、阿志都弥《あしづみ》神社・行過天満宮《ゆきすぎてんまんぐう》の鳥居の所で前を進んでいた御供持《ごくもち》の少女と交代して頭に載せ、ふたりの男性が支えて神前に運ぶ。神饌を運ぶ役割が女性から男性へ変わっていく様子がうかがえる。

また、大阪市西淀川区の野里住吉《のざとすみよし》神社では、神饌を運ぶ少女を一時上﨟《じょうろう》または一夜官女とよんでいる。上﨟は高貴な人物のことであり、供物を捧げる女性が一時だけ神に釣り合う身分となることを意味する。

　それが若い女性だと、人身御供《ひとみごくう》の伝説が発生する要因になったと考えられるが、北白川天神宮では、かつては三つの地区から少女・未婚・既婚の女性が三人ずつ出て務めることになっており、現在も四人のうちふたりは既婚者である。熊本県阿蘇《あそ》市の阿蘇神社のおんだ祭りに登場するウナリとよばれる覆面の女性たちも既婚者である。

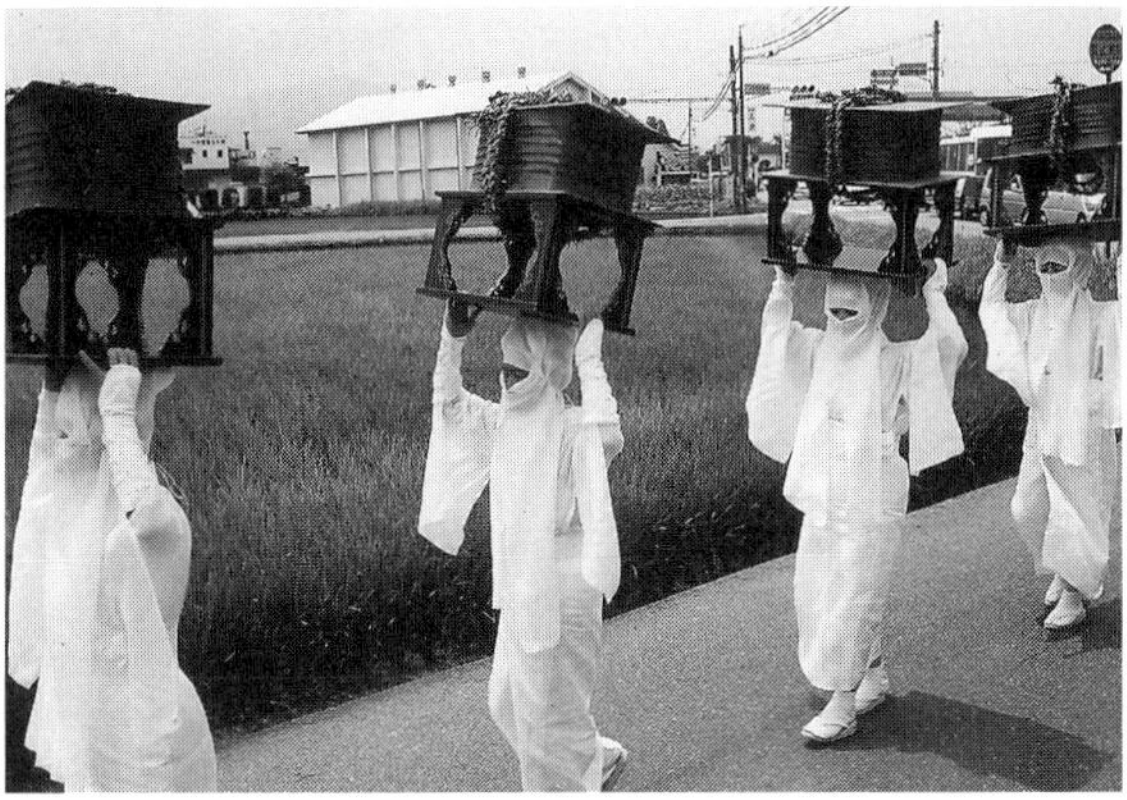

図9　阿蘇神社・おんだ祭りのウナリ（熊本県阿蘇市）

　男性が中心となっている祭りでは、女性は神饌を運ぶ役割だけを務めているように見える。しかし、刀根の霜月祭で若衆たちが搗いた牛の舌餅とともに神前に供える御供は、穀蒸《ごくむし》という役の既婚の女性が米を精白して蒸しており、男性と女性のそれぞれが神饌を調理していることになる。

　千葉県館山《たてやま》市茂名《もな》の里芋祭も神事は男性たちだけで行うが、片付けが終わった翌日午後、集落の主婦たちが集まって当番の家で「女たちのお籠もり」が行われる。各家での里芋の栽培は妻の協力も必要であり、女性たちも祭りの終了を祝う慰労の宴をしているのである。

徳島県鳴門《なると》市撫養《むや》町の宇佐《うさ》八幡《はちまん》神社では、秋祭りに先だって一〇地区の頭屋宅に祭神を迎えて御幣《ごへい》を祀る。宵宮《よいみや》には、頭屋夫婦の娘が提灯を持って先導し、夫は御幣、妻は白蒸のおこわを丸い木桶に入れて神社に運ぶ。神社では、拝殿で夫たちは待機し、妻は頭上に載せた木桶の上から白布をかぶり、娘とともに奥の本殿に神饌を供える。この祭りは、女性たちだけが神前に参ることが強調されるが、実際には奥に男性の神役が控えており、神饌を供える手助けをする。ここでも未婚の娘ではなく、妻が供物を捧げる役になっている。祭神を祀っていた御幣を運ぶ夫とお御供《ごく》を運ぶ妻の役割が分かれ、夫婦で頭屋を務めていることがわかる。

神人共食　神前に供えた神饌は、神事が終わると参加者に配られる。祭りの最後に餅撒《もちま》きが行われるのもそのためである。神事の間に、境内に集まっている参拝者たちに神酒の杯《さかづき》が廻って来ることがある。これは本来、神とともに食事をすることが、儀礼の中に組み込まれているからである。

直会《なおらい》は、祭りが終わったあとの懇親の会食をいう場合もあるが、本来は儀礼の間に神と同じ食事を食べながら、奉納される芸能などを一緒に楽しむことをいう。正月の雑煮も、毎年家を訪れる正月の神（歳神《としがみ》）に捧げる食事を家人も一緒に食べているのである。

奈良県川西町の杵築《きつき》神社では、北吐田《きたはんだ》・南吐田にそれぞれ十人衆とよばれる宮座《みやざ》がある。年長者から順に一老・二老とよばれ、神事は一老と二老を中心に行う。一〇月の秋祭りは、両地区が合同で神事を行うようになっており、神社の拝殿に一同が座す。

神職を迎えて宵宮の神事が行われたあと、北吐田はそのまま拝殿で座を開く。一同に枝豆が配られ、折敷《おしき》に二重ねした土器の杯に給仕役が神酒をついで廻る。

素襖《すおう》姿の一老・二老の左隣に裃《かみしも》姿のふたりの頭屋、残りの十人衆や神職が座るが、本殿側の一老の右隣は空席で膳だけが置かれている。膳には折敷の上に二重ねの土器の杯、ショウハンとよぶ四角く薄い板二枚に枝豆と茄子《なす》が載っている。折敷は、杯事が一廻りするごとに新しいものに替えられる。この一老の隣は「神さんの座」とよばれ、この膳は神の食事である。北吐田では、翌日早朝の本祭や二月初旬の荘厳《しょうごん》の座でも、「神さんの座」を設ける。

図 10　杵築神社・北吐田の神さんの座（奈良県川西町）

奈良市西大寺《さいだいじ》町の十五《じゅうご》所《しょ》神社の秋祭りでも、境内に莚を敷いて座が催され、正面の右座一老の横には提灯が置かれ、ゲンゴ（ゲンゴロー）提灯とよばれる。ゲンゴは西大寺の僧侶で、座を創始した人物だと伝えられる。現在、座は行われず、参拝後に御神酒と饅頭《まんじゅう》を受け取るだけになっている。

神と祭りに参加した人が一緒に食事をする様子を、

北吐田では神の座を設けることで具体的に表現している。西大寺町でも宮座の提灯に象徴された座の創始者が、毎年子孫たちと会食を続けていたのである。

神への食事と人の食事　岡山県吉備《きび》中央町の吉川《よしかわ》八幡宮の当番祭では、氏子の二地区から両親の揃った少年が頭人に選ばれる。宵宮と本祭には馬に乗って神社に向かい、境内に設けられた仮屋に入る。仮屋は木の杭を立てて円形に囲み、植物の葉で壁を作る。直径約五《メー》《トル》で、正面奥に頭人が座り、周りを世話役の男性たちが囲む。仮屋の入り口には頭人の両親が座り、御祝儀を持ってくる地区の人たちに挨拶をする。

この祭りでは、一週間前に頭屋宅の庭にハッケ（ハクケ）を立てる。二階の屋根より高い長さの竹を立て、その先端に御幣を付ける。根元は青竹を円錐形に組んでいるが、その高さは約三《メートル》あり、中に人が入ることができる広さがある。そこには、米粉を水で溶かして形を作り、油で揚げたブトとマガリを供える。これは、祭りに参加する男性たちが作ることになっている。

神社での儀礼の間に頭屋宅へ出向き、座敷で留守番をするお年寄りたちにハッケの話を聞いたが、その間にも台所では、女性たちが忙しく食事の支度をしていた。頭屋の妻は、夫とともに神社へ行っているため、ここには親類や地区の女性たちが集まって神社の一行が帰ってからの食事の用意をしているのだという。食事は仕出しを頼む所が多くなっているため、こういう風景を見ることが少なくなっているが、祭りが終わったあとの宴会は、男女の区別なく参加して開いているのである。

神饌の準備や神社での儀礼は男性だけが関わっているため、女性は除外されているように見えるが、神社での儀礼の間に、祭りが終わったあとの懇親の宴の食事を女性たちが準備しているわけである。神への食事は男性、人の食事は女性が分担して調理していることになる。

祭りは男性だけが参加しているのではなく、女性も含めた氏子地区の全員が参加しているのである。

参考文献

岩井宏實・日和祐樹著、山崎義洋撮影　一九八一年『神饌―神と人との饗宴―』同朋舎出版（のち二〇〇七年、ものと人間の文化史、法政大学出版局）

上井久義・上井輝代　一九六九年『日本民俗の源流』創元社（のち上井久義　二〇〇五年『宮座儀礼と司祭者』清文堂出版）

岡田清一　二〇一六年「恩智神社「卯辰祭供饌行事」の特殊神饌について」『八尾市立歴史民俗資料館研究紀要』第二七号

奥村貴子　一九九五・一九九六年「七十五膳据神事の研究―七十五に関する全国の神事・信仰との関わりを中心に―（上）（下）」『岡山民俗』二〇三・二〇四号

神崎宣武　二〇〇五年『「まつり」の食文化』角川選書

黒田一充　二〇〇九年「夫婦頭人の引継ぎ」『京都民俗』第二六号

白川　静　一九七八年『漢字百話』中公新書（のち二〇〇二年、中公文庫）

辻本好孝　一九四四年『和州祭礼記』天理時報社（のち一九七九年、名著出版）

虎屋文庫編　二〇〇五年「特集　唐菓子」『和菓子』第一二号
中島誠一・上田洋平・原田信男　二〇〇八年『オコナイ―湖国・祭りのかたち―』ＩＮＡＸ出版
中島誠一・宇野日出生　一九九九年『神々の酒肴　湖国の神饌』思文閣出版
南里空海　二〇一一年『神饌』世界文化社
野本暉房写真、倉橋みどり文、鹿谷勲序　二〇一八年『神饌　供えるこころ』淡交社
原田信男　二〇一四年『神と肉―日本の動物供犠―』平凡社新書
吉川雅章　一九九五年『談山神社の祭―嘉吉祭神饌「百味の御食」―』綜文館
　二〇〇一年「特殊神饌　奈良県の「蒸飯御供」」『儀礼文化』二九号
吉野　亨　二〇一五年『特殊神饌についての研究』武蔵野書院

ユネスコ無形文化遺産の「和食」

小川直之

1　日本の食文化と「和食」

日本の食文化は、歴史過程で海外からいくつもの食材がもたらされ、これにともなって食物も変化し、多様化してきたといえよう。その個別事例についてここで記すことはしないが、江戸時代には、飯屋《めしや》や料理茶屋《りょうりぢゃや》が都市文化として大きく発展し、殊に日本の近代化の過程では欧米から社会制度や科学技術などとともに、いわゆる「西洋料理」も入ってきた。ここで取り上げる「和食」というのは、後で示すように近代の「西洋料理」などの広がりのなかで、創出された用語である。しかし、これはきわめて漠然としたもので、現実には洋食や中華料理との区別が困難な場合が多々ある。日本の食文化を考えていくときに、「和食」という概念がどのような有効性をもつのか、その論点を明らかにするのが、本稿の目的である。

「和食」という用語は、ユネスコの無形文化遺産代表一覧表に記載されることで、日本の食文化の公的名称となり、よく知られるようになったことから、ユネスコ無形文化遺産としての「和食」の内容を手がかりにして稿を進めていくことにする。

2　ユネスコ無形文化遺産代表一覧表に記載された「和食」

提案の概要　日本政府がユネスコの無形文化遺産保護条約に基づいて無形文化遺産代表一覧表に「和食：日本人の伝統的な食文化―正月を例として―」を提案したのは、二〇一二年（平成二四）三月で、翌二〇一三年一二月に無形文化遺産にかかる政府間委員会の審査が行われ、代表一覧表への記載（登録）が決定した。

日本政府が公開している「和食：日本人の伝統的な食文化―正月を例として―」の提案の内容や理由の概要について、農林水産省のホームページ掲載の「「和食」のユネスコ無形文化遺産代表一覧表への記載に係る決議の内容」（http://www.maff.go.jp/j/press/kanbo/kihyo02/pdf/131205-03.pdf）からみていくと次のようにある。

提案の内容

〈定義〉

「自然の尊重」という日本人の精神を体現した、食に関する社会的慣習として提案。

〈内容〉

①新鮮で多様な食材とその持ち味の尊重

②栄養バランスに優れた健康的な食生活

③自然の美しさや季節の移ろいを表現した盛りつけ

④正月行事などの年中行事との密接な関わり

〈保護措置〉

学校給食や地域の行事での郷土料理の提供、親子教室等の各種食育活動の実施、郷土料理や食文化に関するシンポジウムの開催等。

主な提案理由

「和食」は、四季や地理的な多様性による「新鮮で多様な食材の使用」、「自然の美しさを表した盛りつけ」などといった特色を有しており、日本人が基礎としている「自然の尊重」という精神にのっとり、正月や田植、収穫祭のような年中行事と密接に関係し、家族や地域コミュニティのメンバーとの結びつきを強めるという社会的慣習であることから、「無形文化遺産の保護に関する条約」（無形文化遺産保護条約）に定める「無形文化遺産」として提案した。

ここにあるように「和食」の無形文化遺産としての提案は、その定義や提案理由で明確なように、「社会的慣習」としての食事のあり方が第一義である。具体例として「正月を例として」という副題はそのために付されたのである。

「食文化」提案の海外動向　日本政府が「和食」という食文化を無形文化遺産一覧表記載へ提案することを決定した前提の一つは、ユネスコの無形文化遺産一覧表には、「和食」以前に、二〇一〇年に「フランスの美食術」、「メキシコの伝統料理」、「地中海料理」（スペイン、イタリア、ギリシア、モロッコ）が、二〇一一年に「ケシケキの伝統」（トルコ）が記載されており、こうした動向を踏まえてのものといえる。

「フランスの美食術」は、ハレの場での社会的な慣習としての食文化（The gastronomic meal of the French is a customary social practice）、「メキシコの伝統料理」は、ミチョアカン（メキシコ南西部の州）のパラダイムとしての古代からの食文化（Traditional Mexican cuisine - ancestral, ongoing community culture, the Michoacán paradigm）、「地中海料理」は特色ある食材の組み合わせによる健康的な食習慣（The Mediterranean diet、二〇一三年にキプロス、クロアチア、ポルトガルが加わって再記載）、「ケシケキの伝統」はトルコのエーゲ海地方に継承されているケシケキという食べ物を核にした食の社会的慣習（Keşkek is a traditional Turkish ceremonial dish prepared for wedding ceremonies, circumcisions and religious holidays）というように、二〇一〇年から世界各地の食文化の無形文化遺産一覧表への記載が続いていて、こうした動向がなかったら「和食」の記載は難しかったかもしれない。

それは、二〇一〇年に無形文化遺産代表一覧表に記載された「メキシコの伝統料理」は、「無形文化遺産の保護に関する条約」発効以前の、「人類の口承及び無形遺産に関する傑作の宣言」に二〇〇五年に登録を申請するが、登録には至らなかった。また、「地中海料理」も二〇〇六年にスペイン・イタリア・ギリシア・モロッコで共同提案するが、却下されているからである。

海外のユネスコへの食文化の提案で注目されるのは、フランス料理は「customary social practice」であるといい、メキシコ料理も「ancestral, ongoing community culture」、トルコ料理のケシケキも「ceremonial dish」というように、料理そのものというより、料理とその食習慣という、食事の社会性に重点を置いていることである。しかも、その名称からは国民的あるいは国家的な食文化として位置付けられていることがわかる。日本が提案した「和食：日本人の伝統的な食文化―正月を例として―」も、英文では「Washoku; Traditional Dietary Cultures of the Japanese, notably for the celebration of New Year」である。英文はあまりにも直訳だが、「和食」は国民的で伝統的＝歴史的正当性をもつということで、フランス料理に近い位置付けである。

ユネスコへの「和食」提案に重要な役割を果たした熊倉功夫は、二〇一一年（平成二三）に農林水産省内に設けられた「日本食文化の世界無形遺産登録に向けた検討会」では、フランスに調査団を派遣してユネスコへの提案経過や「フランスの美食術」の内容、提案にあたっての留意点などの調査を行ったことを公表しており（熊倉　二〇一五）、これがモデルとなったのがうかがえる。

従来とは異なる「和食」提案

「和食：日本人の伝統的な食文化―正月を例として―」のユネスコ無形文化遺産代表一覧表への記載提案に関して、その発端である日本料理アカデミーと京都府の活動、農林水産省の積極的な取り組みについては、和食文化国民会議による熊倉功夫・江原絢子『和食文化ブックレット1　和食とは何か』（熊倉・江原　二〇一五）に記されているので、ここでは省略するが、この提案はそれまでの無形文化遺産への記載提案とは、いくつかの点で異なっていた。

これ以前は、基本的には重要無形文化財、重要無形民俗文化財、選定保存技術という、文化財保護法による無形文化遺産目録に記載されているものから選ばれていた。それは無形文化遺産代表一覧表そのものが、地域の特色ある無形文化の保護継承と、これについての対話を通じて人類文化の創造性や環境への尊重を促進することを目的としているからである。このことは、これの法的根拠ともいえる「無形文化遺産の保護に関する条約」という条約名、さらには無形文化遺産には「緊急に保護する必要のある無形文化遺産の一覧表」や無形文化遺産基金による国際支援を行う無形文化遺産、さらに将来への継承を目的に優れた教育システムをもつ無形文化遺産の記載があることからも明らかである。

しかし、「和食」は文化財保護法による無形文化遺産目録に記載されたものではなかった。これが従来とは異なる点の一つで、提案書の「5　当該要素の目録への掲載」では、文化財保護法による指定または選定とは異なる「新たな分野」を創設し、これに提案する「和食」を掲載するとしている。

「和食：日本人の伝統的な食文化―正月を例として―」の提案書については、文化庁ホームページの「文化審議会文化財分科会無形文化遺産保護条約に関する特別委員会」の第九回委員会議事次第に資料8―2として案文全文（以下「文化庁案文」という）が掲載されている。これとは別に農林水産省ホームページの「政策情報」欄の「基本政策」（「和食・食文化」）には農水省による提案書の仮訳（以下「農水省仮訳」という）が公開されている。提案書は、文化庁案文と農水省仮訳とが公開されているわけだが、両者とも「和食」は「新たな分野」の一覧への掲載としており、これによって文化財保護法を前提とする理念は崩れたといわざるを得ない。

ここでユネスコへの提案書について説明を加えておくと、公開されている文化庁案文と農水省仮訳には、文章・内容に差異がある。両者間に差異がある理由は、提案はユネスコが定める書式に従い、先にあげた文化庁の無形文化遺産保護条約に関する特別委員会で文案が審議、承認され、この文案が関係省庁で調整され、英文に翻訳されて正式提案書となった。そして、農水省はこの英文を翻訳して仮訳として公開しているからである。文化庁案文は特別委員会で決定され、公的なものだが、単語数制限のある英文提案書への翻訳、その日本文への翻訳によって文章に差異が出ているのである。農水省のものも「仮訳」であり、日本文の正式提案書はないようで、以下では必要に応じて文化庁案文と農水省仮訳の対比も含めて提案内容をみていく。

従来とは異なる点に戻ると、これにはもう一点がある。従来のものは、二〇〇九年（平成二一）の

「小千谷縮《おぢやちぢみ》・越後上布《えちごじょうふ》」「日立風流物《ひたちふりゅうもの》」「京都祇園祭《ぎおんまつり》の山鉾《やまほこ》行事」など以後の、一覧表に記載された日本の無形文化遺産をみればわかるように、都道府県内の特定の領域という、まさに生活レベルにおける地域の無形文化遺産であった。無形文化遺産代表一覧表には、地域の限定のない「能楽」「人形浄瑠璃文楽《にんぎょうじょうるりぶんらく》」「歌舞伎」「雅楽」もあるが、これらは「無形文化遺産の保護に関する条約」以前の、一九九八年採択の「人類の口承及び無形遺産に関する傑作の宣言」として選定され、これらはその後、二〇〇八年にすべてが無形文化遺産代表一覧表に統合されたからである。

こうした経緯があるので、「能楽」などを除くと従前の代表一覧表記載の無形文化遺産は、特定地域のものであった。それが二〇一三年の「和食」では、日本の伝統食として国レベルを「地域」と考えるようになったのである。一覧表への記載は二〇一四年の「和紙：日本の手漉《てすき》和紙技術」、二〇一六年の「山・鉾・屋台行事」、そして二〇一七年提案の「来訪神：仮面・仮装の神々」と続いている。「和紙」以後は、すでに一覧表への記載件数が多い国からの提案は隔年一件の審査とすること、また、一覧表に記載する無形文化遺産の範囲や規模を拡大し包括的なものとすることがユネスコで決定され、従前に一覧表に記載されている無形文化遺産に同類の他の無形文化遺産を加え、拡張提案という形式に変わっている。

つまり、国レベルを地域とする考え方に大きく変わりつつあるが、これは二〇一〇年の「フランスの美食術」あたりから顕在化しているといえる。こうした変化は、国家・国民意識の高揚が無形文化遺産の代表一覧表にも影響を与えているのであるが、一方では現実的な問題として、ユネスコの資金難もあるといえる。パレスチナのユネスコ加盟によって、最大の拠出金を出してきたアメリカが分担金の支払いを止めたことで、ユネスコの財政事情によって各年の審査件数を限定せざるを得なくなっている。こうした現状は、二〇一三年一二月一六日の『朝日新聞』夕刊が「問われる無形文化遺産」として、一覧表に記載された食文化と商業活動との関係、「和食」の普及動向、ユネスコの資金難と無形文化遺産代表一覧表への記載動向を報じたが、マス・メディアでユネスコの現状が扱われることはほとんどなく、周知されていない。

代表一覧表記載の決定　日本政府がユネスコに提案した「和食：日本人の伝統的な食文化―正月を例として―」は、二〇一三年（平成二五）一二月四日に、アジェルバイジャン共和国バクーで開催された無形文化遺産保護条約第八回政府間委員会において代表一覧表への記載が決定された（正式には、ユネスコ無形文化遺産保護条約「人類の無形文化遺産の代表的な一覧表（代表一覧表）」への記載という）。この決定は翌一二月五日に文化庁ならびに外務省、農林水産省から同時に報道発表され、新聞やテレビなどのマス・メディアは、一斉にこのことを報じている。その報道内容については、別途検証しなければならないが、大半の報道はこれが「社会的慣習」としての記載であることよりも、たとえば旬の食材、出汁《だし》など「自然の尊重」にもとづく「新鮮で多様な食材と持ち味の尊重」に焦点をあてての「和食」の特色説明であった。食べ物や料理法としての「和食」の特色にマス・メディアの関心は偏っていた感が強い。いわば「売れるニュース」に仕立てて報道したのである。

ユネスコへの提案書に記されている、たとえばこの提案に関する「認知及び認識の確保並びに対話の奨励への貢献」や「今後の保護措置」などが、実際どのようになっているのかの追跡調査を行い、ユネスコ無形文化遺産代表一覧表への記載について点検・評価が必要な段階となっている。ユネスコへの提案にあたっては、農林水産省が積極的に推進したのであり、その支持団体として「日本食文化のユネスコ無形文化遺産化推進協議会」が組織され、記載決定後にはこの団体が一般社団法人「和食文化国民会議」に発展し、「和食文化ブックレット」の発刊などを行っている。しかし、外食化や惣菜・弁当購入による「中食《なかしょく》」の増加、旬の喪失、これらに伴う個食・孤食化などは進行しており（関沢　二〇一三）、今後こうした傾向がどのようになっていくか見守る必要がある。

3　無形文化遺産としての「和食」から考えられること——「和食」の概念——

現在の「食」状況と「和食」　ユネスコの無形文化遺産代表一覧表への記載による報道は一時的で、偏りがあったにしても「和食」に関する関心を高め、議論を活発にしたことは歓迎すべきである。それは前述のように外食や中食《なかしょく》、さらには個食・孤食の増加、旬の喪失という現代社会の食生活のあり方のなかで、豊かで安全な食物をどのように確保し、食べ物をつくる技能や知識をどのように継承し、食事がもつ社会的意義や精神性は何であるのかなどについて、過去から未来に向けた検証と議論が必要だからである。そもそも無形文化遺産代表一覧表への記載は、過去を踏まえての未来への文化継承と人類文化の向上を目指すものであり、当該文化に関する対話と認識を高めるという社会的活動に重点があるといえよう。ユネスコで世界的な無形文化遺産として認められたというお墨付きではないはずである。

「和食」という用語で示される食生活や食文化は、各人のイメージはあっても、その概念は確定されていないのが現状である。たとえば飛行機の国際線に搭乗し機内食を選択するときに、和食にするか洋食にするかといった場合とか、外食のときに和食、洋食、中華など、何を選ぶかの場合には日本人ならほぼ同様なイメージを持っている。それを言葉で説明することはできるが、その説明は各人各様ではなかろうか。また、「和食」と「日本料理」「日本食」とは同一なのか違うのかの説明は、きわめて困難である。現に「和食」の代表一覧表への記載を促進するために設けられた団体は、「日本食文化のユネスコ無形文化遺産化推進協議会」であり、「和食」という用語を採っていなかった。無形文化遺産代表一覧表に記載された「和食」以前の無形文化遺産は、明確な実態をもち、眼前に具体的な姿として存在し、学術的な概念も長く検討されてきたのに対し、「和食」は前述のようにイメージはあっても、提案前の概念検討は低調であったといわざるを得ない。

提案書にみる「和食」の定義　ユネスコへの提案にあたって、おそらく困難だったのは「和食」の定義とその内容の確定であったと思われる。「和食」の概念をみていくために、前述した提案書の文化庁案文から、「1　当該要素の特定と定義」の「これまで見たり、経験したりしたことのない読者に対して紹介するような当該要素の短い要約」、つまり定義と内容を引用しておくと、それは次の通りである。

「和食」は、日本人が基礎としている「自然の尊重」という精神に則り、人と自然との融合のもとに食事を摂ることにより家族やコミュニティのメンバーとの結びつきを強めるという社会的慣習である。それはまた、この精神に則って食材の自然な味を最大限生かして調理したり自然の美しさを表現したりするための自然及び万物と密接に関連した知識や慣習でもある。それは正月や田植え、収穫祭のような年中行事と密接に関連し発展してきている。またそれは環境や自然との相互作用、歴史に対応して社会や集団により絶えず変化してきた。

「和食」と自然との関わりは、次のように重層的である。

「和食」で使われる食材と自然との関係では、顕著な四季の移り変わりと地理的多様性により、四季折々の国土に根ざした新鮮で多様な海の幸、山の幸が利用されている。これらの食材の自然本来の持ち味を引き出し、また引き立たせるため、うま味を多く含む出汁の使用や刺身包丁などの独特な調理道具を使用した調理技術などの工夫が重ねられ、発達している。「和食」の食事ではこれらの多様な食材をバランスよく摂ることによって、健康的なものとなっている。

また、製法と自然との関係では、温暖湿潤な気候により発酵技術が発達していることから、多様な調味料や食事を楽しむための酒が「和食」において用いられている。

さらに、食事の場と自然の関係では、自然の美しさや季節の移ろいを表現するため、料理に葉や花、竹などの自然素材をあしらったり、季節の花などを飾り包丁により表現したりする手法が「和食」では発達している。季節にあった装飾品や陶磁器や漆器などの食器などにより美しく食卓や部屋をしつらえることもまた、「和食」と密接に関連して発達している。

このように、「和食」は「自然の尊重」を基本的精神として、料理、社会的連帯の形成、健康と持続可能な開発の促進、美意識向上等を含む包括的な社会的習慣である。

長い引用になったが、最初に引用した一覧表への記載に係る決議の内容にある提案の内容・理由の概要は、この説明と「当該要素は、今日、コミュニティに対してどのような社会的、文化的機能や意義を有しているか」の説明文にある健康食であり、旬を貴ぶ習慣などを引き継いでいる。

「和食」は、「人と自然との融合のもとに食事を摂ることにより家族やコミュニティのメンバーとの結びつきを強めるという社会的慣習である」、また「自然の尊重」という「精神に則って食材の自然な味を最大限生かして調理したり自然の美しさを表現したりするための自然及び万物と密接に関連した知識や慣習でもある」というのが、その定義である。これが「和食」の概念である。

「和食」は、人と人との結びつきをはかる社会的慣習であるというのが第一義で、「自然の尊重」という精神によって、食材の味を生かす調理法や自然美の表現が形成され、これは年中行事と関連しながら発展してきたが、歴史的には絶えず変化してきたとまとめることができる。本稿の最初にあげた、提案概要の〈内容〉の「①新鮮で多様な食材とその持ち味の尊重」、「③自然の美しさや季節の移ろいを表現した盛りつけ」、「④正月行事などの年中行事との密接な関わり」は、この「和食」概念に拠っている。「②栄養バランスに優れた健康的な食生活」は、別の項目である「当該要素は、今日、コミュニティに対してどのような社会的、文化的機能や意義を有しているか」にある、動物性油脂を多用せず、「コメを中心とし、味噌汁、魚や野菜・山菜などのおかず、漬物を基本的な構成としてバランスがよいことから、健康によく、日本人の長寿や肥満防止に役立っている」の説明に基づいている。

「和食」の地理的領域　また、提案書では「1　当該要素の特定と定義」の前に、A締結国、B当概要の名称など基本事項の説明があって、その「D　要素の地理的位置と範囲」では、「「和食」は当該締結国の地域全体で行われている」として、「基本的な共通要素」を持ちながら、「北は北海道から南は沖縄まで地理的条件や歴史的背景により、豊かな多様性を表している」と、文化庁案文、農水省仮訳ともほぼ同じだが、文化庁案文では「このため、それぞれの「和食」のジャンルごとに、それぞれ中心となる地域がある」といい、具体的に京都の仏寺の宗教的料理や茶の湯の席の料理、東京の寿《す》司《し》文化、東北地方の鍋《なべ》料理文化をあげ、全国には一万五〇〇〇種類もの郷土料理が、中心的なコミュニティをもって存在しているという。地理的領域としては北海道から沖縄まで含むということは、「和食」は地域的多様性をもちながらも日本国全体の国民的食文化であるということで、文化庁案文ではさらに精進《しょうじん》料理、茶懐石《ちゃかいせき》という個別社会集団の料理も含めている。

「和食」が、社会的慣習であり、その内容は先の①から④であるという概念は、「和食」以外の海外の食文化でもいえることであるし、「和食」は全国的なものであるというのは、果たして妥当かどうかという議論が必要である。筆者も委員を務めていた「和食」のユネスコへの提案を審議する無形文化遺産保護条約に関する特別委員会では、沖縄料理は和食に含められるのかという意見も出ていた。また、ユネスコへの提案書に示された地理的領域も含む「和食」概念が、国内でどれだけの支持を得られるのか、そして「和食」の無形文化遺産代表一覧表への記載が、ここにいう「和食」の保護継承や尊重にどのような効果をもつのかは、現時点では未知数としかいいようがない。

先に若干触れたように、ユネスコの無形文化遺産審査をめぐる資金難という現実問題があるにしても、地域文化の尊重という無形文化遺産の理念からいえば、「和食」として全国をくくるのでなく、将来的には琉球《りゅうきゅう》列島での沖縄料理あるいは琉球料理、アイヌのアイヌ料理を見据えての提案という道筋もあったはずだし、「日本の伝統食文化」として、日本料理、琉球料理、アイヌ料理をくくっていく考え方もとれたのではないかと思う。これは、すでに別稿で述べたように現在の日本のなか（日本という国の領域）には、あきらかにヤマト文化、琉球文化、アイヌ文化という三つの枠組みと地理的な文化領域が存在するからである（小川　二〇一五）。

「和食」と「日本料理」　「和食」の概念にもどり、ユネスコへの提案書がいう「和食」概念以外に、どのような考え方があるのかをみていくと、この提案書作成の中心になった熊倉功夫は『日本料理の歴史』で、「日本料理」の歴史を平安貴族の「大饗《だいきょう》料理」から、その後の「精進料理」そして「日本料理」の基本型ともいえる「本膳《ほんぜん》料理」へという歴史的な推移と「京料理」の内容などによって説明しているが、「日本料理とは」というプロローグでは、「日本料理」の基準として歴史的区分をあげ、狭義の「日本料理」は江戸時代末までに成立した食文化で、これには沖縄とアイヌの食文化は含まない、これに対して広義の「日本料理」は「文明開化から第二次世界大戦前に日常化された和洋折衷料理も含めた日本独自の料理文化」で、これには「沖縄や北海道も加わる」としている（熊倉　二〇〇七）。

「和食」と「日本料理」とは違うといってしまえばそれまでだが、「和食」＝「日本料理」とし、熊倉の意見に従うなら、ユネスコに提案された「和食」は近代以降に日常化された食をめぐる慣習・知識・技能ということになる。ユネスコへの「和食」提案は、名称に「日本人の伝統的な食文化」とあり、歴史的な持続性を示すが、明確な歴史的記述は、文化庁案文の「1　当該要素の特定と定義」の「(iii)当該要素に関連する知識や技術は今日までどのように伝承伝達されているか」のなかに、「和食の専門知識や技術」は「13世紀より幾多の料理本としてまとめられており」とある程度である。

「伝統的」というのは曖昧なままだが、農水省仮訳では「13世紀」云々の記載もない。

4 「和食」という用語とその有効性

研究指標としての「和食」 このようにユネスコへの提案書から「和食」の概念を析出すると、無形文化遺産としての「和食」は、まさにこれを国民文化のイメージとしてつくりあげる社会運動といわざるを得ない。「和」のイメージであって、明確な実態は存在しない。文化庁案文の「1 当該要素の特定と定義」の「(iv) 当該要素は、今日、コミュニティに対してどのような社会的、文化的機能や意義を有しているか」では、「和」は「日本」の意味と「調和」の意味があり、このことからは「「和食」が日々の実践を通じて日本人としての文化的アイデンティティを強く想起させ、再構築するものであることを示唆している」と説明している。ユネスコの無形文化遺産が個々の地域文化から、国民・国家の文化へと推移することによって、従来とは異なった機能や意義が加わったといえよう。

前述した最近のユネスコ無形文化遺産への提案は、拡張提案型になっているが、「和紙」は「日本の手漉《てすき》和紙技術」として、石州半紙《せきしゅうばんし》、本美濃紙《ほんみのがみ》、細川紙《ほそかわがみ》という個別文化があるし、「山・鉾《ほこ》・屋台」、「来訪神：仮面・仮装の神々」には「日本」は付されておらず、それぞれに個別の無形文化遺産が明記されている。やはり「和食」だけが特異な存在であるが、今後も、こうした国家的あるいは国民的文化の再構築に、ユネスコの無形文化遺産代表一覧表への記載を利用する動きがないとはいえない。
それでは日本の食文化を考えるにあたって「和食」という用語と概念は、どのように有効であるのかといえば、それは熊倉功夫が広義の「日本料理」でいうように、アジア・太平洋戦争までの近代における食文化の変化・変容研究の指標となり得るということである。

「和」と「日本」という用語　いわゆる「日本」のことを「和」「倭」で表現する用語の推移をみていくと、古く奈良時代には「和琴師《わごんし》」が七二一年（『続日本紀《しょくにほんぎ》』養老五年正月甲戌条）、「倭詩《わし》」が八世紀後半（『万葉集』一七巻・三九六七番歌）、「倭国」が七七九年（宝亀一〇、観智院《かんちいん》本『唐大和上東征伝《とうだいわじょうとうせいでん》』）にある。平安時代には「倭語」（『日本霊異記《にほんりょういき》』上・二八）、「和名」が九三四年（承平四、『和名抄《わみょうしょう》』序）、「和歌」が『源氏物語』玉鬘《たまかずら》巻にみえる。一三世紀前半の『宇治拾遺物語《うじしゅういものがたり》』には「日本人」、一五世紀半ばの『日《に》本書紀纂疏《ほんしょきさんそ》』には「和訓」「倭語」、『松屋会記《まつやかいき》』の一五七九年（天正七）四月八日条には日本でできた物という意味の「日本物」、一六世紀末の「海賊流車輪船図巻《かいぞくりゅうしゃりんせんずかん》」には、日本の方式という意味の「和式」がある。

　その後、江戸時代の文献などには、日本のならわしという意味の「和俗」（一六八五年〈貞享二〉『日次《ひなみ》紀事《きじ》』）、日本の手漉紙である「日本紙《にほんし》」（一七〇一年〈元禄一四〉『桃源遺事《とうげんいじ》』）、やまと言葉で記した文である「和文」（一七〇二年『元禄太平記《げんろくたいへいき》』）、漢学や洋学に対する「和学」（『泰平《たいへい》年表』一七一七年〈享保二〉条）、日本的な書体の意味の「和様」（『槐記《かいき》』一七二七年閏正月二八日条）、日本の流儀である「和流」（一七八二

年〈天明二〉『文会雑記《ぶんかいざつき》』）、日本の形式・風俗の意味の「日本風」（一八三三年〈天保四〉『日本風俗備考』）と
いうように、「和」「倭」「日本」は前近代にも多く出て来る。

いうまでもなくこれらは主に中国の事物に対してのいい方で、一八三五年の『料理通』には「中華《ちゆうか》饅頭《まんじゆう》」がその製法とともに出て来る。西洋からの事物に関しては、一七八二年の『文会雑記』三下に、西洋の流儀の意味である「西洋流」、一七九五年（寛政七）の『和蘭《オランダ》天説《てんせつ》』には「西洋暦」、一八三六年の『究理通』には「西洋語」、一八三九年の『外国事情書』には「洋人」というように、「西洋」や「洋」は一七〇〇年代後半から出て来て、これは明治時代になるとさらに多くなる。明治時代の一八〇〇年代後半に確認できる用語としては、「西洋服」「西洋物」「西洋拵《こしらえ》」「西洋書」「西洋犬」「西洋紙」「洋杖」「西洋小間物」などがあって、前近代にはわずかだった「西洋」「洋」が多くなっている。

食べ物や食事に関する用語では、「西洋料理」（一八七一年〈明治四〉、仮名垣魯文《かながきろぶん》『安愚楽鍋《あぐらなべ》』）、「洋食」（一八七二年『横浜毎週新聞』一号）、「洋食弁当」（一八七九年『東京曙新聞』）、「洋食店」（一八八六年、坪内逍遥《つぼうちしようよう》『諷誡《ふうかい》京わらんべ』）、「西洋酒」（一八八六年、同『内地《ないち》雑居《ざつきよ》未来之図《みらいのず》』）、「西洋食」（一八八六年『時事新報』）、「西洋料理店」（一八八六年『朝野新聞』）、「洋食屋」（一八九一年、落語「素人洋食」）が一九世紀後半に登場する。

おおよそ七〇〇年代から一七〇〇年代までは中国に対して「和」「倭」「日本」であったのが、一七

する用語）

1860～1879年	1880～1899年	1900～1919年	1920～1939年	1940～1959年
和製(1868) 日本文(1877) 日本文学(1877) 日本辞典(1878)	日本料理(1881) 日本式(1882) 和算・和服(1886) 日本服(1886) 日本米・日本酒(1886) 和船(1892) 和楽(1898) 和紙(1899)	和風(1903) 和装(1905) 日本間(1907) 日本食(1907) 和鞍(1909) 和綴(1914)	和食(1929) 日本舞踊(1939)	和菓子(1950) 日本色(1951) 和室(1954)
洋商(1863) 西洋服(1869) 西洋物・西洋渡(1870) 西洋料理(1871) 洋食・西洋書(1872) 西洋犬(1873) 西洋紙(1874) 洋食弁当(1879)	洋食店・西洋酒(1886) 西洋食(1886) 西洋料理店(1886) 洋杖(1890) 洋食屋(1891) 西洋小間物屋(1891)	西洋雑誌(1902) 西洋間(1902) 西洋料理屋(1906) 西洋式(1907) 西洋文学(1912) 西洋皿(1913)	洋食品(1921) 西洋舞踏(1935)	
			中華丼(1934) 中華蕎麦(1935)	中華料理(1949)
	和洋(1885) 和洋折衷(1886)			

表　1700年代以降の日本・和、西洋・洋、中華の用語（ゴシックは食に関

	1700年代	1800～1819年	1820～1839年	1840～1859年
日本・和	日本紙（1701） 和文・和版（1702） 和流・日本流（1710） 和産（1713） 和学（1717） 和様（1727） 和流（1782）	和舶（1808） 和金魚（1814）	日本風（1833） 和更紗（1837）	和魂（1850） 日本前（1853）
西洋・洋	西洋流（1782） 西洋暦（1795）	西洋人（1805）	西洋語（1836） 洋人（1839）	西洋船（1846） 西洋風（1853）
中華			**中華饅頭**（1835）	
和洋				

〇〇年代末頃からは「西洋」や「洋」の用語が出て来て、これは一八〇〇年代後半にはさらに多くの語がつくられているのがわかる。一七〇〇年代から確認できた「日本」「和」、「西洋」「洋」と「中華」が付く用語を一覧にすると表のようになる。

「和」「日本」の成立と近代　一八〇〇年代後半以降の主だった「和」「日本」をみていくと、田口《たぐち》卯吉《うきち》の『日本開化小史』（一八七七年〈明治一〇〉〜八二年）には「日本文」、物集高見《もずめたかみ》の『日本小辞典』（一八七八年）には「日本辞典」があり、一八八〇年代には「日本式」（『朝野新聞』）、洋算に対する「和算」（『時事新報』）、「和服」（坪内逍遙『諷誡京わらんべ』）、「日本服」（『神戸又新日報』）、「和船」（巌谷小波《いわやさざなみ》『暑中休暇』）、「和紙」（横山源之《よこやまげんの》助《すけ》『日本之下層社会』）があって、食物や食事に関する語では、一八八一年五月二〇日の『朝野新聞』には「日本料理」が、一八八六年の坪内逍遙『内地雑居未来之夢』に「日本米」「日本酒」がある。その後、一九〇七年の芳賀矢一《はがやいち》『国民性十論』には「日本食」があり、「和食」は一九二九年（昭和四）の岸田国士『牛山ホテル』と一九三〇年の正宗白鳥《まさむねはくちょう》『ある日本宿』にある。

ちなみに「中華」については、江戸時代末に「中華饅頭」があったが、その後は一九三四年の『古川ロッパ日記』に「中華丼」、一九三五・三六年の高見順《たかみじゅん》『故旧忘れ得べき』に「中華蕎麦《そば》」、一九四九年の正宗白鳥『人間嫌い』に「中華料理」が確認できる。

食に関する用語では、「中華饅頭」を除けば、明治時代になると「西洋料理」「洋食弁当」が出て来て、一八八〇年代に「日本料理」があって、「日本料理」は「西洋料理」に対する区分として使われたのがうかがえる。「和食」は昭和になってからの用語で、「日本料理」から約五〇年後、「日本食」からは二〇年ほど経って使われるようになった。一八八〇年代には「和洋」「和洋折衷」の語が確認でき、いわゆる文明開化による欧米の制度や技術などが日本社会に根付く時代と重なっている。

現在の日本では馴染み深い「とんかつ」は、一八九五年に東京銀座の煉瓦亭《れんがてい》で豚肉のカツレツが売り出されたといい、コロッケも明治後期に作られるようになったという（新谷・関沢 二〇一三）。カレーライスも村井《むらい》弦斎《げんさい》の『食道楽』（一九〇三年）には、カレー粉さえあれば家でできる西洋料理といい、明治中期には家庭料理として広まっていたのがうかがえる。田山《たやま》花袋《かたい》の一八九六年の『東京の三十年』には、国木田《くにきだ》独歩《どっぽ》が花袋にライスカレーを振る舞ったとある。「和洋」とか「和洋折衷」という用語が使われるようになる年代にこれらが登場するのである。

原田信男の『和食と日本文化—日本料理の社会史—』では、序章で「和食とは何か」を論じていて、「和食という言葉は、明治以降に生まれたものである。明治の文明開化によって、西洋料理・中国料理などが入ってきたときに、それらと区別する意味で、和食という概念が成立したし、日本料理という意識も、このときに芽生えたと考えて良いだろう」（原田 二〇〇五）と説明している。この説明は修正しなければならない点があって、前述のように明治初期に「西洋料理」や「洋食」が使われるようになり、これに対峙する用語として「日本料理」が生まれ、後に昭和初期に「和食」も使われるようになったのである。このような「日本料理」「和食」の成立からいえるのは、これらの用語と概念が明治時代から昭和初期の食文化研究の視座になり得ることである。

その研究をここでは具体的にはあげないが、民俗学の分野では早くから柳田国男《やなぎたくにお》が『明治大正史世相篇』（柳田　一九三一）で、明治時代からの食生活の変化を論じている。柳田はこの書の第二章を「食物の個人自由」、第七章を「酒」とし、第二章では明治以降の食物には、温かいものが多くなったこと、柔らかいものが好まれるようになったこと、食べ物が甘くなってきたことという、三つの変化を指摘し、第七章では明治・大正期には酒の独酌《どくしゃく》が発達したことをいっている。西洋料理の定着による食材や食べ物の変化についての説明は、たとえば先にあげた原田の『和食と日本文化―日本料理の社会史―』は、全体の三分の一以上の分量を明治以降の食文化の変化に充てており、研究が進みつつあるのがうかがえるが、柳田が指摘するような感性からの食文化の変化などは、これから検証しなければならない課題である。『明治大正史世相篇』が出版されてから、すでに九〇年ほどとなるが、柳田のこの著作は「日本料理」「和食」を視座にする食文化研究に現在も示唆を与えてくれる。

5 「和食」の視座と食文化研究

ユネスコの無形文化遺産の代表一覧表に記載された「和食：日本人の伝統的な食文化―正月を例と

して―」から、ここで示されている「和食」の概念を中心に検討し、これをめぐる食文化研究の論点を明らかにしたが、無形文化遺産として記載された「和食」には、まだ検討しなければならない点がいくつかある。たとえば、文化庁案文では「和食」は「料理、社会的連帯の形成、健康と持続可能な開発の促進、美意識向上等を含む包括的な社会的習慣」としている。この一文は農水省仮訳にはないが、「社会的習慣」というのがかなり広い意味で使われている。「和食」の定義では、これは「社会的慣習」といっており、これと「社会的習慣」とは異なるのかも気になる点である。

また、「和食」を「国民的な文化」あるいは「国民文化」と措定するなら、果たして民俗学ではこうした文化をどのように扱うことができるのかという課題が生まれる。日本各地に伝えられている郷土食・郷土料理には、確実にローカリティが存在している。民俗学というのは、こうした文化のローカリティを起点とする研究分野であるが、一方には近代以降、国内で平準的な文化がいくつも生まれている。無形文化遺産としての「和食」も、これを国民文化と位置付けようとしているのであり、ローカリティをもった国民文化という考え方は成り立ち得るのかが論点となる。

本稿では扱わなかった問題としては、差し当たっては右の二つがあることを示しておく。

参考文献

小川直之　二〇一五年「列島の民俗文化と比較研究」関沢まゆみ・国立歴史民俗博物館編『盆行事と葬

送墓制』吉川弘文館
熊倉功夫　二〇〇七年『日本料理の歴史』歴史文化ライブラリー、吉川弘文館
熊倉功夫・江原絢子　二〇一五年「ユネスコ無形文化遺産へ登録する」和食文化国民会議監修、熊倉功夫・江原絢子著『和食文化ブックレット1　和食とはなにか』思文閣出版
新谷尚紀・関沢まゆみ編　二〇一五年『和食文化ブックレット1　和食とはなにか』思文閣出版
関沢まゆみ　二〇一三年「「食」の民俗の現在」新谷尚紀・関沢まゆみ編『民俗小事典　食』吉川弘文館
新谷尚紀・関沢まゆみ編　二〇一三年『民俗小事典　食』吉川弘文館
原田信男　二〇〇五年『和食と日本文化―日本料理の社会史―』小学館
柳田国男　一九三一年『明治大正史　第四巻世相篇』朝日新聞社（のち一九九〇年『柳田国男全集　第二六巻』ちくま文庫）

三度の食事

藤井弘章

1　二度食から三度食へ

三度食の萌芽　現代社会においては、一日に朝食・昼食・夕食という三度の食事を摂るということが常識化している。しかしながら、歴史的にみると、一日二度の食事が普通であった時代もある。また、一日に四度・五度食べていた人々もいる。一日三度の食事という食制はどのように形成されてきたのであろうか。

自然物を雑食していた時代には、人々は食欲という本能に任せて、随時、食物を摂取していたと考えられるが、社会の制度が確立するにしたがって、食事の時間や回数が固定化するようになっていった。古代から中世には、とくに貴族社会では朝夕の二度が基本となっていた。奈良時代には、「正倉院文書」によると、食事は朝夕の二回であった。平安時代になっても、貴族の間では同様であった。ただし、辺境の兵士や機織工などは間食としての米を支給される規定が、九二七年〈延長五〉撰進の『延喜《えんぎ》式《しき》』に出ている。また、宮中で行われる種々の行事の折、動員される大勢の用人に対して屯食《とんじき》が配られた。これは、強飯《こわめし》を丸く握り固めて器に盛ったもので、今日の握り飯のようなものであった。つまり、貴族たちの正式な食事は朝夕の二度であったが、労働する人々は昼食にあたる間食など、朝夕の間に簡単な食事を摂っていた、ということになる。『枕草子』には、大工たちの食事風景が珍しいと書かれている部分がある。清少納言は、大工たちの食べ方に驚いているのであるが、貴族とは異なる時間に食べていることを珍しく思っている、ということも考えられる。

鎌倉・室町時代になると、宮中の食事にも一日三度という形態が現れる。一二二一年（承久三）ごろに順徳《じゅんとく》天皇が著した『禁秘抄《きんぴしょう》』には「御膳事三度供之間」とあり、宮中の食事は一日三食になっている。一四二〇年（応永二七）成立の『海人藻《あまのも》芥《くず》』には「毎日三度の供御は御めぐり七種、御汁二種なり」とあり、三度の食事には、主食のほか、副食が七種、汁が二種ついていたことが分かる。しかし、昼食は漬菜《つけな》のような簡単なものですませ、夜食や間食を摂ることもあったようである。また、後《ご》醍醐《だいご》天皇の『日中行事』には、天皇の食事は朝夕の二度であることが記されている。したがって、鎌倉・室町時代の宮中では、正式な食事が三度に固定化していたとは考えられていない。

一方、僧侶の食事は、一三〇五年（嘉元三）に成立した無住《むじゅう》の『雑談集』によれば、朝食のみの一

図1　室町時代の本膳料理(三時知恩寺所蔵『酒飯論絵巻』より)

日一度であったが、次第に「非時《ひじ》」と称して日中に食べるようになった。一二五四年(建長六)成立の『古今著聞集《ここんちよもんじゆう》』によれば、一二世紀末には、比叡山《ひえいざん》や奈良の僧侶は、一日三度の食事を摂っている。また、禅僧の生活では、朝夕二度の食事のほかに、昼に点心《てんしん》と呼ばれる軽食を食べる習慣があった。これは中国の寺院から伝えられた麺類・饅頭《まんじゆう》・餅などであった。一六世紀になると、こうした習慣は他の宗派にも採用され、京都の民衆にも影響を与えた。

武士は平時においては朝夕の二食が基本であった。ただし、分量は三食分に相当したようである(渡辺　一九六四)。武士は戦時においては三食摂っていたが、戦乱が続く時代となり、次第に平時でも三度食べるようになっていった。また、大工のように肉体労働を行う人々も日中に食事を摂ることがあったようである。

このように、中世末期までには、激しい労働をする人々のみならず、貴族・僧侶・武士の間にも一日三度の食事が広まっていった。しかし、江戸初期に記された『武者物語』には、戦国大名の北条氏康《ほうじょううじやす》の話として「をよそ人間は高きもひくきも一日に両度づつの食事なれば」という言葉が記述されている。ここからは、中世末期から近世初頭ごろにも、正式な食事は一日に二度という固定観念は根強く残っていたことがうかがえる。有閑階級より三度の食事になっていったという説もあるが（熊倉　二〇〇七）、労働する人々は平安時代より実質的に三度の食事を摂っている場合があった。したがって、固定観念としては一日に二度の食事であったが、実質的には職人や農民たちは相当早くから三度の食事を摂っていた可能性がある。

三度食の普及　安土桃山時代にも、伊達政宗は昼食を摂っていないという記録や、牢屋に入っている者には二度の食事しか与えていない、などという記録がある（渡辺　一九六四）。ところが、『御湯殿《おゆどの》の上日記《うえのにっき》』の一六〇四年（慶長九）の部分には当時の貴族社会では一日三食摂っていることが記されている。また、朝鮮通信使が記した『日本往還記』の一五九六年の部分には、日本では一日三度の食事を摂ると記されている。一六一九年（元和五）に米沢《よねざわ》藩の直江兼続《なおえかねつぐ》が著した『四季農戒書《しきのうかいしょ》』には、農繁期に農民は「三食のめし」を食べるということが記されている。

このように、一日三度の食事が社会全般に広まってきた背景としては、食品・食物の生産が増大したこと、灯火の発達などで一日の労働時間が長くなったこと、などが考えられる。労働時間が長くなったことで、一日の最後の食事が遅くなり、一日に三度食事をすることが普通になったという側面もある。

江戸時代になると、実態としては一日三度の食事は広く普及していたようであるが、正式な食事は二度という観念が消滅したわけではなかったようである。たとえば、井原西鶴《いはらさいかく》が著した一六八八年（貞享五）刊『日本永代蔵《にほんえいたいぐら》』には、商人の間では朝食・夕食の二度食に夜食が加わっており、昼食は登場しない。江戸時代後期には、朝食・昼食・夕食の三度食が名実ともに定着していくが、地域や身分による差異はあったと思われる。

図2　江戸時代の町屋家族の食事（『日ごとの心得』より）

江戸時代後期、江戸での大名の食事は、朝・昼・晩の三食であった。江戸や大坂の町人の食事も三度であった。ただし、農民の場合は三度以上食べていたようである。武士や町人よりも食事の回数が多いのは、農作業で体力を使うからであった。十方庵《じっぽうあん》が一八一二年（文化九）―二八年（文政一一）に著した『遊歴雑記《ゆうれきざつき》』によると、三河《みかわ》の農民は、日が長いときは一日に七度（茶の子・朝飯・昼境・昼飯・夕飯・夜食・夜長）食べることもあったと記している。各地の農書にも、農家の食事の回数が記録されている場合がある。一八五九年（安政六）に成立した尾張《おわり》の『農稼附録《のうかふろく》』には、

「此辺にてハ、短日ハ朝昼晩と三度にして、長日ハ小昼《こびる》とて八ツ半頃に茶付《ちゃづけ》を喰ふ事也。上在にてハ四度にも五度にも喰事也、朝も此辺よりハ早き故也」とある。つまり、冬季は三度の食事であったが、夏季は昼食と夕食の間に「小昼」という間食を食べていたこと、上流の村では朝が早いために四度も五度も食べていたということが分かる。一八六五年（慶応元）に成立した飛驒《ひだ》の『農具揃』には、「農家平生四度食」、つまり、農家は通常一日に四度食べていたとし、「茶の子」・「飯」・「コビリ」・「夜飯」という名称であったと出ている。このように、江戸時代の後期になると、農村では一日に四度・五度の食事を摂る地域もみられた。こうした農村での食制は、後述するように近代になっても続いている。

江戸時代後期に書かれた柳亭種彦《りゅうていたねひこ》の『柳亭記』には、「朝飯夕飯が、三度となりしは、田舎よりおこりし事なるべし。農民は特に骨をればなり。今は小中飯ととなへ、日の長き頃は四度食う田舎あり、中飯また昼食といふも亦田舎詞なり。」という記述がある。このような表現をみると、江戸時代の農民は一日に三度、ときには四度という食事がごく普通のことであったと思われる。

2　近代化のなかでの三度食の固定化

集団生活の影響　明治時代になり、欧米化・近代化が進むにつれ、社会の制度が大きく変わった。

食事については、肉食や洋食が広まっていくことになる。食事の回数については、欧米諸国の食習慣にも裏付けられて、朝食・昼食・夕食の三度食がさらに固定化することになった。とくに、食事の回数に影響を与えたものとして、近代化によって出現した工場の発展が考えられる。

工場においては、職工への給食が必要であった。一八七二年（明治五）には、富岡製糸場《とみおかせいしじょう》において、請負制産業給食の大食堂が開設されている。工場で働く女工たちの食事は、朝食・昼食・夕食が用意されていて、ときおり牛肉がつくなど、女工たちが厚遇されていたという（石川・江原　二〇〇二）。しかし、工業、製造業の発達にともない、女工の需要が増加すると、「日出より日没に至る平均十四時間、休憩時間は昼食三十分間」（『女学雑誌』四五四号）という劣悪な条件で働かされる場合もあった。このような劣悪な労働環境であっても、休憩時間として昼食の時間が設定されていることが分かる。食堂が設置されていない工場の場合は、弁当を持参して昼食を食べていた。明治時代後期以降、給与を支給されて工場などで働く家族が増えると、弁当を職場に持って行く人々が増えていった。

このほか、三度の食事の固定化には、軍隊や学校の影響も考えられる。富国強兵を目指す明治政府は、国民皆兵を建前に軍隊を強化した。強壮な体力を必要とする軍隊においては、毎日の食事は重要であった。明治時代、農民たちの間では、軍隊に入ると、毎日、白い米の飯が食べられるという憧れがあった。また、軍隊では肉や卵の食事も推奨された。集団給食は、こうした軍隊の食事を中心に発展したといわれる。軍隊では、平時の食事、戦時の食事ともに、朝食・昼食・夕食の三度の食事が用意されていた。

一方、学校給食は、一八八九年、山形県鶴岡町（現鶴岡市）の私立小学校で貧困家庭を対象とした給食が最初といわれる。ただし、明治時代には学校給食は広まらず、ほとんどの児童は弁当持参であった（江原他　二〇〇九）。このように、三度の食事の固定化には、近代化にともなって登場した労働環境や集団生活などが影響を与えていたと思われる。

家庭の食事の変化　日清戦争から日露戦争を経て、産業革命が進行することで、都市部の工場などで働く労働者が増加した。また、都市部では官僚・事務員などの知識人層も増加した。彼らは、小家族で都市部に住み、夫が外で働き、妻は専業主婦として家庭で子どもを育て、食事などの家事を担当するなど、性別役割分業が特徴であった。食事も使用人に任せず、主婦が自ら調理するようになっていった。

明治時代後期になると、新たな家族形態の主婦を対象とした家庭向け料理書が増加した。こうした料理書の中には、一日三食の献立表が紹介されている。一日三食の計画を立てるという考え方は同時期のイギリスやアメリカの料理書にもみられるため、欧米の影響も受けていると思われる。たとえば、安西古満子《あんざいこまこ》が記した一九〇九年（明治四二）刊行の『四季毎日三食料理法』には、一週間ずつの一年分の献立が朝昼夕食ごとに示されている。料理を中心とした雑誌も発行されるようになる。『月刊食道楽』には毎月一週間分の朝昼夕食の献立が紹介されている。

このように、明治時代後期には、都市部においては、一日に三度の食事が常識化していた。しかしながら、この時代にも、農村では三度以外に間食を摂ることがあった。

大正時代になると、栄養学の発達にともない、栄養学に裏付けられた食事が推奨される。一九二〇年（大正九）に国立栄養研究所が設立され、その初代所長となった佐伯矩《さえきただす》らが中心となって栄養教育の実践が開始される。国立栄養研究所は、一九二〇年五月二九日より関東大震災が起こった一九二三年までの毎日、「経済栄養献立」を発表し、新聞に掲載された。これは、朝食・昼食・夕食の献立を栄養学にもとづいて推奨したものであった。

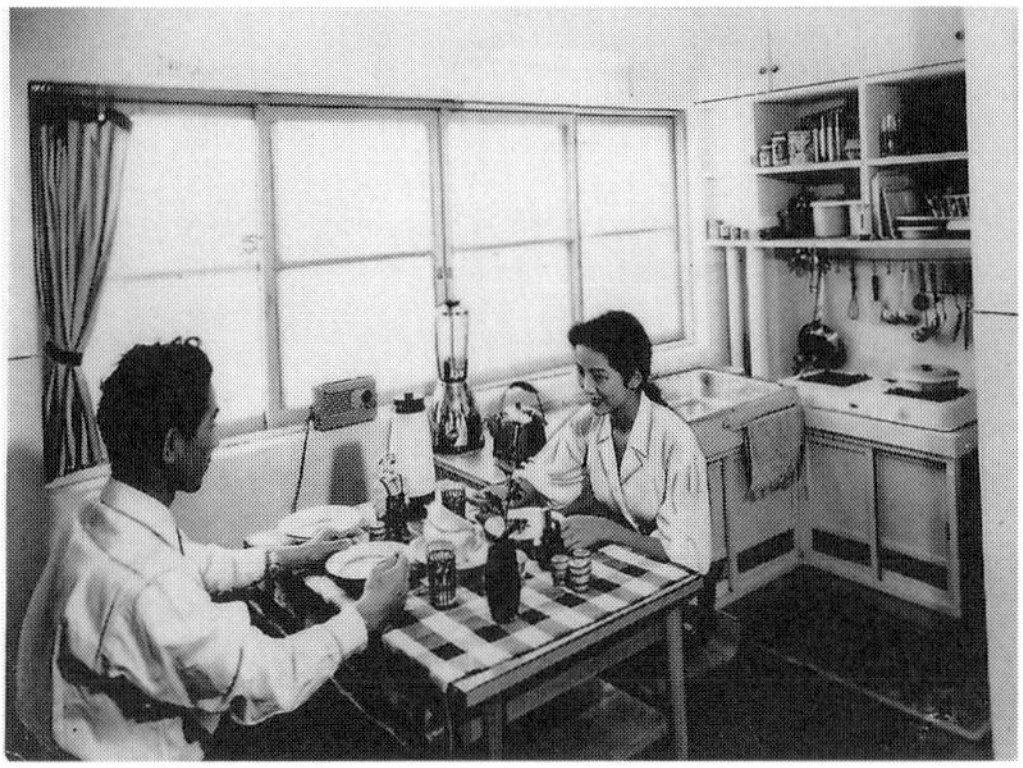

図3　都市生活者のダイニングテーブルでの食事（大阪府金岡団地、1956年、UR都市機構提供）

大正末期から昭和初期にかけて、東京などの都市では、和洋折衷型の食事が普及しつつあった。東京では山の手・下町・町場をとわず、朝昼夕の主食は白飯であった。なかには、パンとコーヒーという西欧型の朝食を摂る家庭もあった（石川・江原　二〇〇二）。一方で、同時代の農村・山村・漁村では、一日に三度の食事は固定化されておらず、四度・五度の食事を摂っている場合も多かった。

食事の内容について、都市部と農山漁村の格差があったと指摘されているが（石川・江原　二〇〇二）、食事の回数についても地域差が大きかった。

食糧難の時代　昭和一〇年代後半には、アジア・太平洋戦争が激化し、国民の食糧は欠乏する状況となった。食糧不足を乗り切るためにさまざまな運動が展開された。白米を食べる量を減らす、玄米を食べる、昆虫などを食べる、などである。しかし、そのような状況においても、一日の食事の回数を二度にしよう、というような運動は起こらなかった。疎開先の学校においても、一日三度の食事を食べていた。戦地で戦っていた兵隊の場合も、兵站《へいたん》などにおいて昼食用の米を支給されていた。筆者がインパール作戦に参加した元兵隊に聞き取りをしたところでは、戦っているときには食べることはできないため、弾がやんだら支給された米を炊いて食べた、ということであった。

一九四五年（昭和二〇）に敗戦となったあとも食糧難は続いた。戦後の食糧難の時期においても、学校では朝昼夕の食事を食べている。この時期には、一日三度の食事を摂る前提は崩れなかったといえよう。

3　農山漁村における食事回数の多様性

各地の食事回数　農山漁村には、都市部とは異なる食制が存在していた。江戸時代にも四度・五度の食事を摂る地域があった。都市部で三度の食事が固定化していった明治時代以降も、農山漁村では三度以上の食事を摂ることが多かった。

昭和初期から中期にかけての農山漁村における食事については、『日本の食生活全集』、『食の民俗事典』、各地の自治体史、民俗報告書などに、多くの事例が紹介されている。とくにまとまった記録としては、『食習採集手帖』（成城大学民俗学研究所編『日本の食文化』に収録）がある。これは、一九四一（昭和一六）―四二年に柳田国男が主宰する民間伝承の会が全国一斉に行った食習俗調査の成果を戦後にまとめたものである。ここでは『食習採集手帖』の記録から、昭和初期における列島各地の食事回数についていくつかの事例を紹介しておく。

岩手県上閉伊《かみへい》郡附馬牛《つきもうし》村（現遠野市）では、朝習《あさならす》・朝飯・小昼《こびる》・昼飯・アト小昼・夕飯・夜長《よなが》の七回の食事があった。一六時間労働する者は七回の食事をとるが、働かない者は七回も食べることはできないという。

群馬県利根《とね》郡白沢村（現沼田市）・片品村では、日の短いときは三回、長いときは四回である。春の彼岸《ひがん》から秋の彼岸までは朝食・昼飯・コジョーハン（小昼飯）・夕食をとる。蚕《かいこ》の時期や冬には夜食をすることもある。東京府新島若郷《にいじまわかごう》村（現東京都新島村）では、日常は三回で、労働するときは午後三時ごろにヤツヂャを食べる。労働の激しいときは、このほかにコビルを入れる場合もある。

新潟県岩船《いわふね》郡下海府《しもかいふ》村（現村上市）では、家にいる者は一日三回が普通で、漁に出る者はお鉢を持って行くので、空腹になれば食べている、という。それでも、五回ぐらいという。富山県高岡市では、朝・昼・夕方の三回で、朝御飯・お昼御飯・晩御飯（お夕飯）という。長野県南安曇《みなみあずみ》郡穂高《ほだか》村（現安曇野市）では、農家は普通、朝めし・朝こびる・昼めし・おこびる・夕はん（夕めし）の五回で、冬期は四回、労働しない者は三回であった。愛知県東春日井《ひがしかすがい》郡味岡《あじおか》村（現小牧市）では、日常の食事は四回であるが、夏季は五回、冬季は三回になる。四回の場合はアサメシ（六時）、オチャヅケ（一〇時）、ヒルメシ（二時）、ユウハン（六時）で、五回の場合はヒルカラチャヅケ（三時）を加える。三回の際はオチャヅケを除く。

奈良県北葛城《きたかつらぎ》郡下田村（現香芝市）では、日常は朝飯（起床後）・昼飯（正午）・夕飯（就寝前）の三回で、秋の収穫期には五回か四回になる。午前中（九〜一〇時）に一回と、午後三時ごろに一回である。和歌山県伊都《いと》郡花園《はなぞの》村（現かつらぎ町）では、食事は三回で、夏の日長にはケンズイがあって四回になる。ただし、山働きする人は回数は同じであるが、量が多いという。

岡山県川上郡平川村（現高梁《たかはし》市）では、農家の食事は朝めし・昼めし・晩めしの三回で、春の彼岸から秋の彼岸まで午後四時ごろ茶めしをとって四回になる。働く者は回数を増やさずに量を多くとる。徳島県名西《みょうざい》郡下分上山《しもぶんかみやま》村・神領《じんりょう》村（現神山町）では、朝飯・飯（午前一〇時ごろ）・茶（午後二時）・夕飯（午後七・八時）で、商家のみは一日三回である。高知県土佐《とさ》郡土佐山村（現高知市）では、冬を除いて四回で、春・秋の農繁期と夏は四回から五回の家もある。朝飯（午前六時ごろ）・昼飯（午前一一時ごろ)・ヤツあるいは二番茶(午後三時)・ヨーメシ(午後七時)・夜食(午後一〇時)の五回である。

熊本県八代《やつしろ》郡五家荘《ごかのしょう》久連子《くれこ》村(現八代市)では、日が長い春から夏にかけては朝めし・昼めし・夕まん(三時ごろ)・晩めしの四回となる。沖縄県島尻《しまじり》郡糸満《いとまん》町(現糸満市)では、漁業民はヒテミテムン(朝)・アサバン(昼)・ユーバン(晩)の三回で、農業民はヒテミテムン(朝)・アシー(午前一〇時ごろ)・アサバン(昼)・アシー(午後三時)・ユーバン(晩)の五回である。農業民は畑に出るときのみ間食し、畑に出かけないときは間食はない。

図4　船上の食事(岩波書店編集部　1953年『岩波写真文庫　伊豆の漁村 1953』より転載)

生業と食事　これらの報告を総合すると、昭和初期には多様な食事の回数が存在したことが分かる。富山県高岡市のような地方都市でも食事は朝昼晩の三回になっている。徳島県では商家の場合は一日三回であった。漁民の場合も、東京の新島や沖縄の糸満のように、一日三回という場合があった。新潟県下海府村では、出漁中は腹が減れば食べている、とある。漁民の場合は、一日三回ないしは、出漁中には臨機応変に食べる、という習慣がうかがえる。ところで、和歌山県花園村では、山働きの者は回数は同じであるが量が多いという。漁民も一度に大量の飯を食べるクイオキという習慣があったという（鎌田　一九七六）。漁業や林業では、仕事の場所が住居から遠く離れていたり、労働内容に臨機応変さが求められるため、回数にこだわらずに一度に量を食べる、という習慣があったものと思われる。

一方、農民の場合は、季節によって労働内容は異なるものの、臨機応変さが求められる作業ではない。田植えや稲刈りなどの農繁期には、決まった作業を、集団で行う、ということになる。したがって、地域、季節、労働の忙しさ、共食の必要性、などによって、食事の回数は比較的決まっていた。

農村の一日の食事　農村の場合、最大で早朝食・朝食・午前の間食・昼食・午後の間食・夕食・夜食があったことが分かる。この七度の食事というのは、江戸時代の『遊歴雑記《ゆうれきざつき》』の記述にあった食事と同じ回数であり、ほぼ同じ時間帯における食事ということになる。ただし、一日に七度の食事というのは、同じ日にすべての食事を摂るということではない。日の長い夏季には、朝が早くなるため、早い時間帯にも食事を摂る。反対に日の短い冬季には、夜の作業が行われるため、遅い時間帯に夜食を摂る場合が出てくる。午前か午後に間食を入れ、早朝食か夜食を加えて、一日に四度か五度の食事が摂られる場合が多かった。また、四度・五度の食事の毎食が飯というわけではなかった。イモ類や

図５　囲炉裏と食事（新潟県朝日村三面、中俣正義撮影）

団子、茶だけのこともあった。

早朝食は、起きてすぐ、仕事にかかる前に摂る食事である。時間帯は午前五時や六時となる。農家の場合、夏場は早朝から農作業をしたため、仕事に出る前に簡単な食事をした。早朝の仕事がある地域、早朝の仕事をする季節には早朝食を摂ることがあった。

朝食は早朝食と区別される地域と、区別されない地域があった。午前五〜六時ごろに早朝食を摂る場合は、朝食の時間が遅くなり、午前一〇時ごろの食事が朝食となる。一方で、朝食と早朝食を区別せずに、朝食が午前五〜六時ごろという地域もある。江戸時代の記録などをみると、朝食がもともと早かった地域もあると思われる。しかし、近代になると、全国的に朝食の時間が早まったため、早朝食が朝食となった場合もあると思われる。

図6　農家のコビル(静岡県南伊豆町、芳賀日出男撮影)

子どもたちを学校に行かせるようになると、登校前に子どもたちに朝食を食べさせなければならなくなった。学校の登場は、農家の朝食が早まった大きな要因であったと考えられる。家族が顔をそろえて食事をするために、朝食が正式な食事と位置付けられているところもあった。

午前の間食は、朝食が早朝の場合、午前一〇時ごろに摂る場合があった。間食の名称はさまざまなものがあった。東日本ではコビル、コジュウハンなど、中国地方ではハシマ、コバシマなど、近畿地方ではケンズイなどが分布している。東北や九州ではタバコという名称もみられる。間食には午後もあるため、これらの名称の前にアサ（朝）、ユウ（夕）などをつけ、時間帯によって間食を呼び分ける地域も多い。田植えや稲刈りなどの農繁期には、農作業の合間に田の畦畔などで食べた。間食とはいえ、内容的には一回の食事に等しいものも多かった。

昼食は、朝食が早朝の場合、午前一〇〜一一時ごろに摂る地域もあった。一方で、午前一〇時ごろに朝食を摂る場合は、昼食は午後三時ごろになる。昭和初期の農山漁村では、昼食は正午ごろに食べないという地域も多かった。

午後の間食は、昼食が午前一〇〜一一時ごろの場合、午後三時ごろに摂る場合があった。名称については、午前の間食で触れたものと同じである。

夕食は、日没後の午後七〜八時ごろに摂る。朝食とともに、家族が顔をそろえて食べるため、正式な食事と考えられていたようである。

夜食は、夜に仕事をするときに摂ることがあった。冬季は農閑期になるため、日中の間食は摂らなくなるところが多い。反対に、夕食後に藁《わら》仕事などの夜なべをすることが多かった。夜なべをする場合、作業が終わる午後九〜一〇時ごろに夜食を摂った。

このように、農村の場合、季節によって労働の時間や作業内容が変わってくるため、季節ごとの労働に合わせて食事の回数は変化していたのである。つまり、農業の場合は漁業や林業とは異なり、季節ごとの臨機応変さが求められていたといえよう。昭和初期には、農業・漁業・林業に従事する人々は、労働内容に応じて、食事の回数を変化させていたのである。

4　食事回数の均質化

高度成長以降の変化　戦中・戦後の食糧難の時期にも、都市部や学校では、一日に三度の食事という食制は崩れなかった。一方で、昭和一〇年代でも、農山漁村では一日に四度も五度も食事を摂ることがあった。食事の回数が画一化していったのはいつごろのことであろうか。

日本社会は、一九六〇年（昭和三五）ごろから高度経済成長を遂げ、大きく変貌を遂げた。流通網の発達、冷蔵庫の普及、スーパーの普及、などにより、食材入手方法が大きく変化した。その結果、日常食に地域差がなくなっていき、農山漁村においても都市と同じような食事内容となっていった。農村が都市化したといわれることもある（太郎良　二〇〇三）。

農村では、共同で労働を行う場合が多かったため、都市とは異なる論理で生活が行われていた。とくに農繁期の田植え・稲刈りなどの農作業は隣近所などの人々と共同で行われた。ところが、一九六〇年ごろから、農作業の機械化が進み、労働は家ごとに行われるようになった。このため、農作業の合間に共同で食事を摂る機会が減少した。また、機械化が進んだことで農作業の労働量が減少したことも、労働の合間に食事を摂る必要がなくなった原因と思われる。さらに、日本の農村では田畑が散在しており、食事のたびに家に帰ることは難しかった。しかし、車が普及し、道路が整備されてくると、田畑から家に帰ることが容易になった。そうなると、農作業が一段落すれば、いったん家に帰って食事をすることが可能になったのである。このような理由が重なり、農村での食事も一九七〇年代以降は、都市と同様、一日に三度になっていった。

一方、漁業や山仕事の従事者の場合は、前節でふれたように、昭和初期から一日三回の食事の場合もあった。また、漁村や山村の場合は、農村よりも物資や食品の売買も盛んで、都市的な要素がみられた。したがって、農業従事者よりも、漁業や山仕事の従事者のほうが、一日三回の食事に移行するのは容易であったと思われる。

高度経済成長以降、農業・漁業・林業などの第一次産業に従事する人口が大幅に減少した。都市部のみならず、中山間地においても、会社や役場などに勤めて働く人の割合が多い。勤め人が多くなると、労働が季節と関係なく、労働量も一年中で同じであるため、食事の回数は固定化しやすい。

現代の食事　現代の食事は、朝食にあまり時間をかけない傾向にある。通勤・通学のために朝が忙しい都市型の生活様式が全国に普及したためである。夫婦と子どもだけの核家族において、夫婦共働きで子どもを育てている場合、朝食を準備し、朝食を食べさせ、子どもたちを送り出し、自分たちも出勤するという朝の時間は分刻みの忙しさである。このため、買ってきたパンで朝食をすませるようにしている家庭も増えている。ご飯・味噌汁《みそしる》・おかずを食べる家族の割合は減っている。朝食を欠食する若者も増えている。起きる時間が遅くなり、会社や学校に間に合わないために食べない、という

図7　2003年の学校給食の献立（独立行政法人日本スポーツ振興センター提供）

場合もあるが、夜型の生活になって朝食が食べられない、という人たちも増えている。

昼食は、仕事場や学校で食べる人たちが多い。会社や官公庁、学校では昼の休憩時間が設定されており、休憩するとともに、昼食を摂ることが前提となっている。学校では給食や弁当、学食を食べる。勤め人の場合、昼食の実態は職場環境によってさまざまで、外食、弁当、社内食堂、コンビニなどで弁当を買ってくる、などである。現代においては、朝食や夕食よりも昼食の内容に人生が凝縮されている場合も多い。そのため、「ランチをのぞけば人生が見えてくる」というキャッチコピーで、さまざまな人々の昼食を紹介する「サラメシ」というテレビ番組も放映されている。

夕食については、高度経済成長期以降も、家族そろって食事をすることを理想とする意識が強かった。しかし、最近では、父親の帰りが遅い、子どもが塾に通う、などによって、家族が別々に夕食を摂ることが増えている。個食、孤食などといわれる現象が増えている。また、子どもが小さい場合は、保育園・幼稚園に迎えに行って、家に帰り、急いで夕食の準備をし、食べさせて、子どもたちを早く寝かせる。このように、子育て世代の場合は、夕食が決してゆったりした団らんの場ではない場合も増えている。

また、家族そろって外（飲食店）で食事を摂ること（外食）も増えている。家族での外食は行事の折や仕事などの節目に行われる性格が強かったが、最近では比較的ひんぱんに外食を行う家庭もみられるようになった。これは、外食産業の発達という要因だけではなく、家庭内での料理時間の節約、と

図8　1970年代のすかいらーく1号店店内（株式会社すかいらーく提供）

図9　スーパーの惣菜売り場

図10　盆に迎えた仏の朝食（茶粥など、和歌山県紀美野町）

いう意味合いも含まれている。さらに、調理ずみ食品などを購入して家庭内で食べる中食《なかしょく》という食事形態が増加しているのも現代の食事の特徴であろう。

現代に残る三度食以外の食事　現代においても、朝食・昼食・夕食以外に食事を摂る習慣がみられる。たとえば、午前一〇時ごろ、午後三時ごろに食べるおやつである。肉体労働を行う職人たちは、体力の消耗が激しいため、午前と午後の二回、休憩をして茶を飲む。また、保育園・幼稚園では午後におやつを食べる。こうした習慣は、一日に四度・五度食べていた食制の名残ということができる。一方で、相撲部屋では、現代でも一日に二度の食事となっている。午前一一時ごろと、午後六時ごろに食事をするという。体格をよくするために一度に大量の飯を食べるのである。一日に二度の食事が現代でも残っている珍しい事例といえよう。

このほか、ハレの日の食事に、一日に三度以上の食事の名残がみられるものがある。盆《ぼん》の食事である。盆は、先祖（仏）を家に迎え、食事を出してもてなし、再びあの世へ帰ってもらうという日本の民俗文化である。筆者が盆行事を調査している和歌山県北部では、八月一三日ごろに仏（先祖）を迎えて、一五日ごろに送るまで、仏（新仏・無縁仏も含む）に対して何度も食事を出す家が多い。仏を祀る中心の日である一四日の食事は、最大で朝食・午前一〇時ごろ・昼食・午後三時ごろ・夕食・夜食がみられる。すべての家で、六度の食事を出すということではない。家ごとに供える時間に差はみられる。朝・昼・夕食に午後三時の間食を加え、一日四度の食事を供えている場合が最も多い。家によっては、午前一〇時の間食か、夜食を加えて、一日五度の食事を供えることもある。このように、昭和中期まで行われていた日常食の習慣が仏の食事として残っている場合もある。

参考文献

有薗正一郎　二〇〇七年『近世庶民の日常食―百姓は米を食べられなかったか―』海青社

石川寛子編　一九八八年『食生活と文化』弘学出版

石川寛子・江原絢子編　二〇〇二年『近現代の食文化』弘学出版

石毛直道　二〇一五年『日本の食文化史』岩波書店

江原絢子　二〇一二年『家庭料理の近代』歴史文化ライブラリー、吉川弘文館

江原絢子・石川尚子・東四柳祥子　二〇〇九年『日本食物史』吉川弘文館

江原絢子・東四柳祥子　二〇一一年『日本の食文化史年表』吉川弘文館

鎌田久子　一九七六年「一日三回食事をするようになったのはなぜか」高崎正秀・池田弥三郎・牧田茂編『日本民俗学の視点二　ケ（褻）の生活』日本書籍

熊倉功夫　二〇〇七年『日本料理の歴史』歴史文化ライブラリー、吉川弘文館
群馬県　一九八四年『群馬県史　資料編二五　民俗一』
新谷尚紀・関沢まゆみ編　二〇一三年『民俗小事典　食』吉川弘文館
成城大学民俗学研究所編　一九九〇年『日本の食文化—昭和初期・全国食事習俗の記録—』岩崎美術社
　一九九五年『日本の食文化（補遺編）—昭和初期・全国食事習俗の記録—』岩崎美術社
太郎良裕子　二〇〇三年「飲食」『暮らしの中の民俗学1　一日』吉川弘文館
中央食糧協力会編　一九四四年『本邦郷土食の研究』東洋書館
「日本の食生活全集」編集委員会編　一九八四—九三年『日本の食生活全集』全五〇巻、農山漁村文化協会
野本寛一編　二〇一一年『食の民俗事典』柊風舎
松崎憲三　二〇〇六年「食をめぐる民俗」谷口貢・松崎憲三編『民俗学講義—生活文化へのアプローチ—』八千代出版
渡辺実　一九六四年『日本食生活史』吉川弘文館

箸と椀・膳

印南敏秀

1　食具の構成と生活様式

食具とは　食具の概念を狭義と広義の二つにわけて、その構成を考えることができる（山口　一九九七）。狭義の食具は、食物を口まで直接運ぶ箸《はし》や匙《さじ》などをいう。日本で狭義の食具を箸や匙にすると課題がのこる。日本では箸とワン（飯碗・汁椀）が連携して、食物を口まで運ぶのが特徴だからである。本稿のテーマで箸とワンをセットにした背景もここにあり、伝統的日本の食文化（和食）の調理法や配膳《はいぜん》法、食事作法などと深く関わっている。

広義の食具は、「食べる具え《そな》」の意味で、台所道具、食器、食卓、台所装備、食事空間までを含めている。筆者は、広義の食具の構成を「山口食具曼荼羅《まんだら》」と名づけて、食文化の解説によく利用して

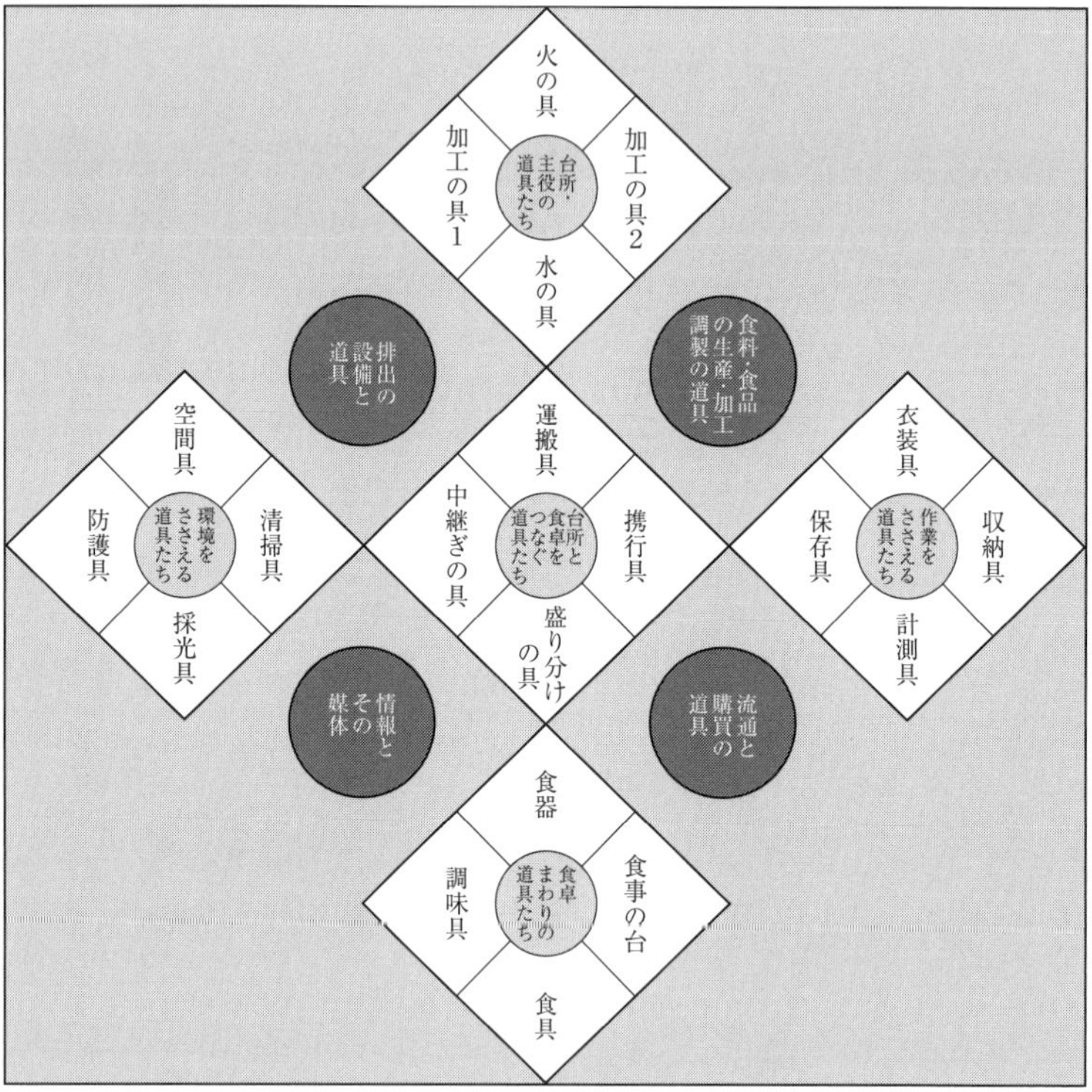

図１　山口食具曼荼羅（山口昌伴編 1999年『講座食の文化第４巻　家庭の食事空間』より転載）

いる（図1）。

食物を口まで運ぶ食法を三つにわけ、手食から箸食、さらにナイフ・フォーク・スプーンの順に発達したという考えかたもある（本田　一九七八）。手食からの変化の要因としては火の利用があり、熱いスープは匙で、魚や野菜類はやわらかく煮て箸で食べる。かたい肉類はナイフやフォークを利用して食べるように変わる。

食具と生活様式　地域に根差した生活様式の違いで、米食圏（米類）、小麦粉食圏（パン類）、根菜果実食圏（イモ・果実）、雑穀食圏が形成される。

米食圏は米の種類で二つにわかれ、粘りのあるジャポニカ米を食べる地域は中国、朝鮮半島、日本などの東アジアの箸食圏がひろがる。粘りのないインディカ米を食べる地域は東南アジアや南アジア、中近東などで、箸ではつかみにくいので手で食べる。米の粘性の違いは、その特徴をいかす炊飯技術にも影響する。ジャポニカ米は粘性を高めるため、米とほぼ同量の水を入れて炊きあげる炊き干し法にする。インディカ米は大量の湯のなかで米を煮て、炊きあがる前に粘りのある重湯《おもゆ》を捨て、再度炊く湯取り法でパサパサの飯にする。

小麦粉食圏は欧米やロシアなどで、パン類と肉類をセットで食べ、パンは手食で、肉はナイフで切りわけ、フォークで口に運ぶ。根菜果実食圏は南太平洋や東南アジアの島嶼部で、芋類を焼いたり、蒸して手食する。雑穀食圏はアフリカなどで、雑穀類を粉に挽《ひ》き、粥《かゆ》状に煮て、手ですくって食べる。

こうした主食に対応する食具や食法は、当然副食にも影響している。

食具から食文化へ　日本の食具を理解するためには、中国や朝鮮半島の食具と比較して、その異同について考える必要がある。そこでわかるのは、中国の強い影響をうけて共通点もあるが、それぞれ独自の食文化を発展させており、違いも大きいことである。

食具の歴史研究の手がかりは、出土資料・文字資料・絵画資料などがある。出土資料は墳墓などからの出土遺物によるが、王侯貴族の生活にかたよっている。文字資料からは名称などはわかるが、上層階級に限定され、形態もわからない。絵画資料からは形状や食法までわかるが、古くなるほど資料は少ない。資料により制約はあるが、補いながら読みとくしかないのである。

民俗・民具学などの伝承資料による食文化の研究は遅れていて、ことに食具はわからないことが多い。そうしたなかで食具を手がかりに日本の食文化を総合的にとらえたのは神崎宣武である。神崎には伝統的な台所道具を見たこともない人に解説した『台所用具は語る』、東アジアの粒《りゅう》食《しょく》文化圏の中の日本の箸と飯椀（碗）を中心にまとめた『「うつわ」を食らう』、先史から現代までの食具を豊富な図版とあわせ概説した『図説　日本のうつわ』などの著作がある。

なお、筆者は日本の食具の研究史概要を『日本民具学会三〇周年記念　民具研究三〇年の動向と展望』で整理しているので参照されたい（印南　二〇〇七）。

2　箸の歴史と食文化

中国の食具　箸《はし》を機能でわけると調理用と食事用があり、調理用には真魚箸《まなばし》や菜箸《さいばし》などがある。食事用は、直接口まで食物を運ぶ「直箸《じかばし》」、料理を各自の容器に取り分ける「取り箸」、弁当と一緒に持っていく「携帯箸」がある。日本での箸の長さは、直箸は一六〜二三チセン、取り箸は二三〜三〇チセンと長く、携帯箸は一四〜一八チセンと短かくなる。

箸は黄河《こうが》地域にはじまり広がった（橋本・向井　二〇〇一）。ただし食具としては、約七〇〇〇年前の河北省武安《かほくぶあん》から出土した骨製の匙《さじ》が一番古い。殷《いん》王朝（紀元前一六―一一世紀）の遺跡から青銅製の箸が出土するが、食物の取り箸に使ったと考えられる。紀元前四三三年の湖北省《こほく》の領主の墓に納められた副葬品の中から、竹製のピンセット状の挟み具が出土し、取り箸と同じように使ったようである。直箸の最古の出土資料は戦国時代（紀元前四〇三―二二一年）の墓で、青銅製の箸三本と匙五個が出土している。紀元以降は中国各地の墓から多数の箸が出土し、金属製は祭器、竹製は実用と考えられる。

中国は早くから文字を使い、文学作品などからも食具の利用状況がわかる。戦国時代紀元前三世紀には箸と匙を使っていた。後漢《ごかん》（紀元二五―二二〇年）になると、石板に彫った画像石や壁画が多数出土する。宴会図では、客席の前に杯《さかずき》、椀、箸などをのせた膳《ぜん》が置いてある。唐代（六一八―九〇七年）

後期の宴会図では、大きな卓のまわりに男女が向かいあい、椅子に座る漢族の食事スタイルがみられる。卓上には大皿や酒盃、取り分け用の小皿が並び、各人の前には一組の箸と匙が置いてある。

黄河流域では古くはアワやキビ、オオムギなどを炊いて主食にした（周　一九八九）。雑穀類の粒食《りゅうしょく》はパサパサなので匙ですくって食べた。匙の用途は、スープを飲む湯《トン》（汁）匙《スイ》と、飯を食べる飯匙があった。揚子江《ようすこう》下流域では粘性の短粒米の栽培がはじまっていて、箸を使って食べていた。箸は粘性の米の栽培とともに黄河流域に広がり、匙は主に湯を飲むための湯匙になった。食具の中心が匙から箸に変わるのは、稲作の伝播が影響したのである。

朝鮮半島の食具　中国の影響をうけていた朝鮮半島でも、最初は匙の出土資料が多かった。部族連合時代（紀元前七〇〇―六〇〇年頃）の遺跡から骨製の匙が出土し、以後も青銅製の匙は続いて出土した。百済武寧王陵《くだらぶねい》（在位紀元五〇一―五二三年）で初めて青銅製の箸が、匙と一緒に出土する。箸は長さ二一センチで、先細りだった。これ以後も箸と匙は必ず一緒に出土する。朝鮮半島は金属器文化が発達していたので、木製の箸の出土資料はみられない。青銅器製の箸と匙は、宮廷では銀製、庶民では真鍮《しんちゅう》製に変わった。

朝鮮半島は古くはヒエ・アワ・キビなどの雑穀栽培だったが、中国から稲作が伝わり広まった（尹一九九五）。三国時代後期の七世紀頃には、鉄釜《てつがま》で炊いたご飯と汁を食べていた。中国がご飯を食べるようになり匙から箸に変えても、朝鮮半島の匙中心の食法は変わらなかった。韓国では、熱い料理が好まれ匙ですくって食べ、金属製の細くて短い箸は菜をつまんで食べる補助具なのである。

朝鮮半島の湯文化　韓国の食事の基本はご飯と湯《タン》（汁）、漬物《つけもの》で日本と似ているが、食法は大きく違っている（朝倉　二〇〇五）。

朝鮮王朝時代は崇儒主義で、孔子《こうし》や『周礼《しゅらい》』への復古主義だった。孔子の著作に匙は記されているが箸については書いていない。孔子は匙で食事をしたに違いないので、私たちも孔子をみならって匙を使わなければならない、という論拠だという。

韓国の食事は日常から汁物が多く、匙がないと食べられない。汁物がなぜ多いのかについては、大家族の腹を満たすのに汁料理が最適だった、外部からの侵略にさらされていたため、ご飯を汁に入れて短時間で食べる習慣がはじまった、という説がある。

韓国では金属製の容器の使用がさかんで、熱い汁物を入れると手で持てないし、直接口をつけることもできない。そこで容器は下に置いたまま匙で食べ、手で持ちあげることは不作法とみなされるようになった。

ご飯を食べるときは、野菜や肉をのせて唐辛子《とうがらし》味噌《みそ》などを加えて、匙でかき混ぜてから食べる（「ビビンバ方式」）か、汁の中にご飯をいれて、匙ですくって食べる（「クッパ方式」）。炊き方も具材の種類も多様な粥《かゆ》料理がさかんで、匙ですくって食べる。韓国では、ご飯と副菜を混ぜあわせて渾然一体とすることで美味しさがかもしだされるという。

日本では、木製の汁椀を直接口につけて飲み、副菜の素材を一つ一つ味わいながら箸で食べる。こうした日韓の調理法や食具の違いから、食法に大きな差が生まれたのである。

日本の箸の歴史　弥生時代を代表する静岡市の登呂《とろ》遺跡（紀元前三世紀）や奈良県の唐子《からこ》遺跡からは、木製の匙が出土するが、箸は出土しない（橋本・向井　二〇〇二）。日本で最古の箸は、七世紀の奈良県の飛鳥板蓋宮《あすかいたぶきのみや》遺跡から出土した檜《ひのき》の箸である。長さ三〇〜三三㌢、全体を粗く削り、片方または両端を細く整形している。実用ではなく祭器と考えられる。箸と同じ年代の一時期にピンセット状の挟み具が出土している。神社での神饌《しんせん》や料理の取りわけに使ったと考えられる。

直箸で古いのは藤原宮（六九四―七一〇年）跡出土の檜の箸で、長さ二〇㌢前後で先端が削ってあり実用と考えられる。都が平安京に移って以降は、建物跡や堀、大井戸などから大量の檜の箸が出土するようになる。日本の箸の出土資料は木製だけで金属製はない。

中国、朝鮮半島をへて日本に伝わった金属製の箸と匙は、奈良・平安時代の宮廷や貴族の宴席で使われた。「唐箸《からはし》」とは「舶来の箸」という意味で、中国をまねた金属製の箸をさしていた。

統一新羅《しらぎ》時代（六七九―九三五年）の慶州雁鴨池《アナプチ》出土の青銅製の匙は、正倉院の佐波理《さはり》（合金）の匙と同形である。正倉院の匙に添えた紙には新羅古文字が書いてあり、新羅からもたらされたのである。ただし、日本は湿潤で金属製品は錆びやすく、緑青《ろくしょう》は身体に悪影響をもたらすため、口に触れる金属製の食具の利用は長く続かなかった。

三世紀頃の日本について書いた古い文字資料の『魏志《ぎし》』の「倭人伝」には、「飲食には籩《へん》（竹製の高杯）豆《とう》（木製の高杯）を使用し、手づかみで食べる」とあり、高坏《たかつき》（容器）から手で取って食べていたことがわかる（田村　二〇〇七）。

箸の記録は七一二年（和銅五）に完成した『古事記』や、七二〇年（養老四）に完成した『日本書紀』のほか、七、八世紀の歌を集めた『万葉集』（巻九―一八〇四）にも登場する。

ただし、七世紀の日本を書いた『隋書《ずいしょ》』の「倭国伝」には、一般民衆の間では盤俎《ばんそ》（食べものをのせる台）が無く、食物は槲《かしわ》の葉にのせ、手食しているとある。中央の上層部では箸や匙を使っても、庶民は手食だったのである。

平安時代には、文学作品や絵画資料に箸が登場する。九七〇年（天禄元）頃に成立した『宇津保物語《うつぼものがたり》』には、出産祝に里から豪華な料理に添えて黄金の食器や銀の箸が届いたとある。『枕草子』には、隣室から食事のときに金属の箸と匙が触れる音が聞こえたとある。

箸の素材と用途　日本の箸は素材に異臭がせず、細工しやすい木を主に使った。針葉樹の杉や檜は木目が通り、割りやすくて木目もきれいだった。

素材は一般的な竹・柳・杉・檜のほか、萩・桑・槻《つき》・紫檀《したん》・黒檀《こくたん》など多様だった（宮本　一九七三）。まれに金・銀・銅・アルミニウムといった金属や、象牙などの動物の骨角も使った。ハレの箸は素材が決まっていて、柳箸は誕生祝・食初《くいぞ》め・節供などの人生儀礼などに使った。萩箸は八月朔日《ついたち》・一五日の月見に使った。儀礼に使う箸は白木が普通だった。
上流社会で使っていた塗箸《ぬりばし》は、江戸時代末頃から庶民も使うようになる。塗箸はきれいで華やか、耐久性があり、口あたりがよかった。現在は、日常の箸は木製が多く、漆や合成樹脂を塗った塗箸が普通である。塗箸は漆器生産地で生産することが多く、輪島・川連《かわつら》・津軽・会津・木曽塗などでもつくるが、福井県小浜市の若狭《わかさ》塗が大生産地になっている。

箸と包丁・俎板 箸文化圏は温帯気候で、食材が多様だった。日本の箸は先端が細く、はさむ・はさみきる・つまむ・かき寄せる・ほぐす・わける・はこぶなどの細かな作業が容易だった。そのため素材の特色をいかし、一口で食べられる大きさに切る技術が発達する。せん切り・さいの目切り・みじん切り・あられ切りなどである。さらに箸先で簡単に切り分けられるように、食材を卸《おろ》して使ったり、やわらかくするため煮込んだりした。さらに魚と野菜では食材の特色が大きく違い、調理器具にも影響を与えた。魚は三枚におろす出刃と薄づくりにする刺身包丁、野菜は菜切《なきり》包丁にわかれた。魚の臭いがうつらないように、俎板《まないた》も魚と野菜でわけていた。和食の洗練された調理技術と箸先の細さは対応していたのである。

3 ワンの歴史――埦・碗・椀――

漆器椀までの多様性　縄文時代に深鉢《ふかばち》で煮た食物は、さまざまな容器に取りわけた（神崎　一九九八）。縄文時代前期の遺跡からは土器の浅鉢が、晩期になると埦《わん》や皿が出土したが数は多くない。土器以外に青森県の三内丸山《さんないまるやま》遺跡からは、前・中期に朱塗りの木地鉢が出土している。八戸《はちのへ》市では晩期に籃胎漆器《らんたいしっき》、北海道からは樹皮を利用した器物の断片と思われるものも出土している。

『万葉集』が書かれた時代は、神饌《しんせん》や仏供《ぶつく》を葉に盛ったり包むことが盛んだった（野本　一九九三）。容器として使われた代表的な植物として蓮葉《はすは》・柏《かしわ》・厚朴《ほお》・椎《しい》の葉をあげることができる。蓮葉は現在も盆の供物を盛り付けるのに使われている。こうした「葉盛習俗」の根底には葉の清浄性、神饌献上器の一回性の確保という心意が働いているという。

縄文時代晩期から弥生時代にかけて埦と皿の中間の坏《つき》が取り分け容器として登場する（神崎　一九九八）。さらに四―六世紀の古墳時代は土師器《はじき》の埦、坏、皿に分化する。分化の背景には、調理の発達で料理数が増えたことがあるのではないかという。五世紀から一二世紀にかけては、堅牢な須恵器《すえき》が食具の主役になった。

漆器の飯椀の登場　現在の日本では、磁器の飯碗が普通だが、それ以前は漆器の飯椀が多く使われていた。本節のタイトルがワン（埦・碗・椀）なのは、土器だと「埦」、陶磁器だと「碗」、木地製だと「椀」の字をあてるからである。

平安時代の一一五〇年（久安六）頃に成立した絵巻物『信貴山縁起絵巻《しぎさんえんぎえまき》』では庶民は漆器椀と竹や

木の箸で食事をしていた（図2）。漆器椀と箸は鎌倉時代の『一遍聖絵《いっぺんひじりえ》』でも庶民の食具として登場する。当時の庶民の主食は粥やかて飯（糅飯）と考えられる。米を炊いた米飯は「ご飯」、不足する米を補うためムギ・アワ・ヒエなどの雑穀や根菜を「くわえて」炊くとかて飯という。

ご飯は粘りがあり、ワンを使わず、葉に盛っても箸ではさんできれいに食べることができる。かて飯はいろんな食材を混ぜているので粘りがなく、冷めるとポロポロして箸でつまみにくい。こぼさないためにはワンごと口まで運んで、縁に口をつけて箸でかきこむしかなかった。ザラザラした土器の埦や杯よりも、薄くてなめらかな漆器椀は口あたりがよかった。口につけて箸でかきこむには短めの箸が使いやすかった。鎌倉時代頃に匙が消えるのは、かて飯に対応した漆器の飯椀と短めの箸で食べることが普及したからではなかろうか。

図2　椀と箸を持つ子供（信貴山朝護孫子寺所蔵『信貴山縁起絵巻』より）

有田焼の磁器碗　日本の磁器生産は、豊臣秀吉の文禄《ぶんろく》・慶長《けいちょう》の役（一五九二〈文禄元〉―九八年〈慶長三〉）のときに朝鮮半島から連行してきた職人によってはじまる。肥前国（佐賀県）の有田で磁器づくりに成功するが、はじめは海外むけの絵皿が中心だった。一八世紀に輸出から国内向けの食器を焼くように変わり、磁器の高級な皿や小鉢は料理屋の宴会用の漆器膳《しっきぜん》に組みこまれた。魚を盛りつける磁器の魚皿は、陶器より魚の生臭さを洗い落としやすく、丈夫で重宝した。

静岡県の佐久間町の民家では第二次世界大戦後もしばらくは箱膳《はこぜん》を使っていた。焼魚は皿を使わず割板にのせ、食べ終わると囲炉裏で生臭い魚の臭いがついた板は焼いていた（印南　二〇〇一）。

国内向けの有田焼の皿や小鉢のなかに、飯碗も少しまざっていた（神崎　一九九八）。ただし、有田焼は高級品で庶民への飯碗の普及は近代になってからだった。有田焼の磁器を焼く技術は文化文政（一八〇四―三〇）頃に愛知県の瀬戸に、幕末には隣の岐阜県の美濃《みの》に伝わった。江戸時代には、重くて割れやすい焼物は船で運ばれ、有田焼は唐津《からつ》から船で運んだ。鉄道が一八七二年（明治五）に新橋と横浜間で開通してから、一八九七年頃までに幹線路線が全国にひろがった。安価な瀬戸と美濃の磁器は、近代の鉄道網を利用して全国に広がった。

江戸時代に、江戸の町屋では磁器の飯碗を使いはじめたが、地方では庄屋《しょうや》などに限られていた（瀬川　一九五六）。戦後でも、長崎県対馬《つしま》の村では日常は磁器の飯碗を使ったが、正式な食事には漆器椀を使った。都市と地方、階層差、ハレとケなど、磁器の利用の格差は大きかった。

愛知県の尾張《おわり》平野部で箱膳の調査をすると、第二次世界大戦頃は汁と飯ともに磁器の碗を使う家が多かった。反対に木地師《きじし》が遅くまでいた奥三河《おくみかわ》では、汁も飯も木椀を使う家があった。飯碗は磁器で汁椀は漆器と使いわけがはじまる前に、箱膳から卓袱台《ちゃぶだい》に移行する例もあった。

高度成長期の変化　高度成長期をへて糅飯を食べなくなり、一九七五年（昭和五〇）頃に飯碗の形状は大きく変わった（神崎　一九九六）。糅飯に対応した深くてたっぷり入る半球型から、ご飯が常食になり胴に膨らみがなく、直線的で容量が少ない形へ変わる。さらに副食の種類や量が増えて「おかずくい」になり、ご飯の量も少量でよくなった。

一九六〇年頃まで我家は麦飯で、子どもだった筆者への躾《しつ》けは「ごはんを、こぼさないように」だった。冷めた麦飯はポロポロしてこぼれやすく、飯碗に口をつけて食べた。我家でもご飯が常食になると、今度は飯碗に口をつけて食べると「行儀が悪い」といわれた。

4　多様な膳と食事

本膳料理と膳　奈良・平安時代の皇室や貴族の正式な式正《しきしょう》料理は、食物や食具を一枚板の盤台《ばんだい》にのせて食べた。鎌倉時代になると盤台から、指物《さしもの》や挽物《ひきもの》に漆を塗り、縁をつけ、足がついた一人用の膳《ぜん》になった。室町時代になると、武家のもてなし料理として寺院における配膳方法から発達した本膳《ほんぜん》料理が登場する。本膳料理は一の膳、二の膳、三の膳を基本とした酒席の料理で、江戸時代になると庶民の冠婚葬祭の会席膳として普及していった。

現在は、冠婚葬祭の儀式や宴会はすべて業者にまかせている。戦後しばらくは公民館などを利用して、料理は地域の婦人が集まってつくった。公民館以前は、民家の座敷を使い、付近の家の台所まで借りて料理の用意をした。ただし、冠婚葬祭に使う漆器の膳椀類は高額なうえ、二〇組、三〇組と多数必要で裕福な家しか買えなかった。

旧家の膳と共有膳椀　京都府南丹市の沢田（日吉ダム建設で水没）の湯浅孝家は近世初期にさかのぼる旧家である（印南　一九八八）。同家の土蔵の二階には多くの膳椀類が保管されていて、近世中期に購入したときの墨書銘ものこる。漆器は色で使いわけ、上等な黒漆は婚礼・建《たて》前《まえ》・宮座《みやざ》行事、赤漆は葬式などの不幸事や伊勢講《いせこう》などに使った。同家の膳椀類は、親戚や沢田地区の家々にも貸していた（図3）。

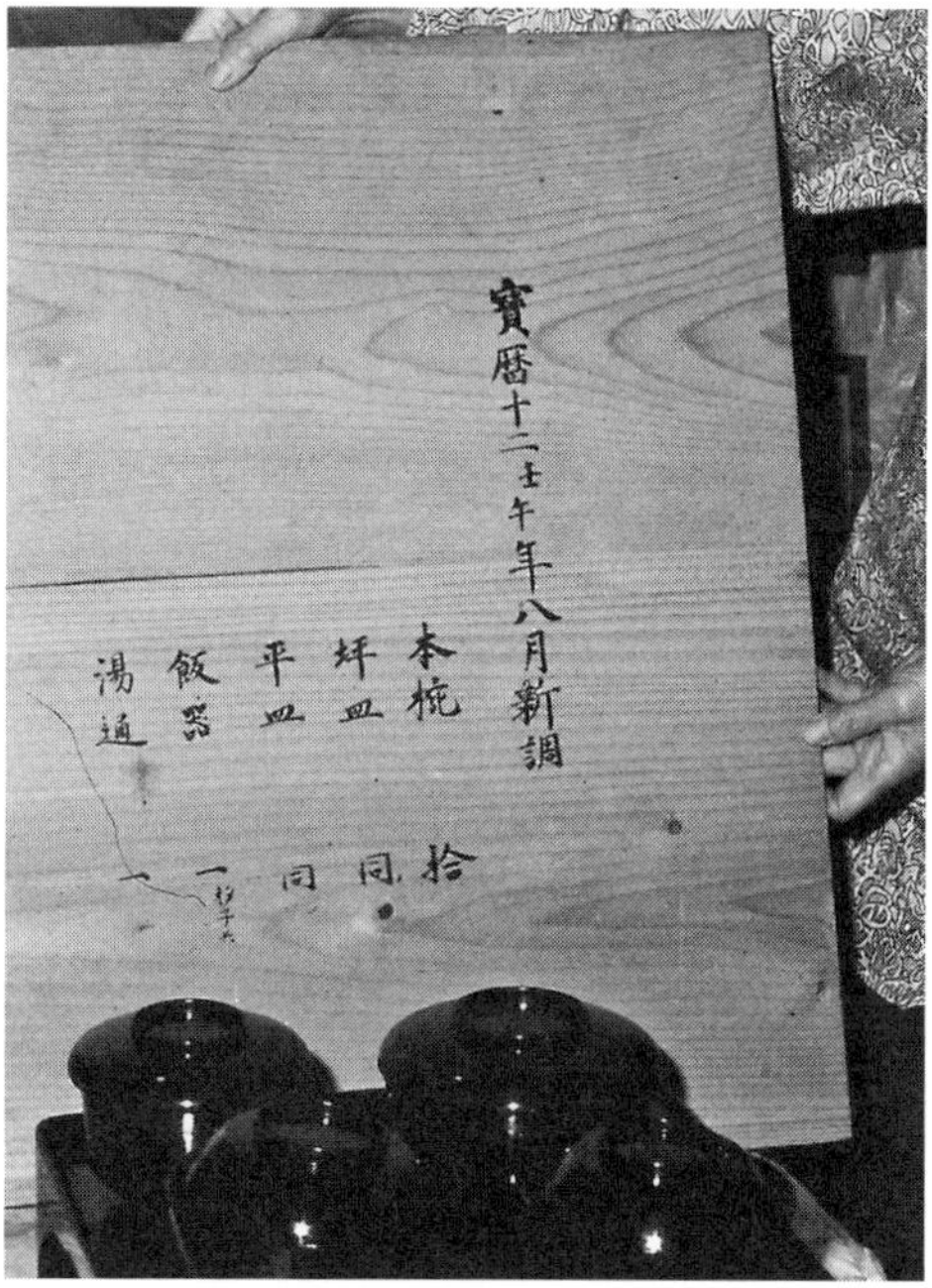

図3　湯浅家の膳椀箱の蓋の裏書（京都府南丹市）

関東民具研究会は、集落の各家が購入費を負担して、椀倉に保管して共同利用する共有膳椀の共同調査を行った。高価な膳椀には墨書が残り、経緯を知ることができる特徴があった。

北多摩地域では共有膳椀をコウワン（講椀）とよび、村組を中心とした念仏講などで購入することが多かった。東京都小平市の一八二一年（文政四）の講椀は、地域をこえた鈴木新田下組一六軒と野田新田五軒で購入していた。府中市の明治から大正にかけて結成した講の講椀は、裕福な家の膳椀を借りていたが養蚕で儲けた金を出し合って購入した。東大和市の講椀は、納税組合を組織して完納したときの報償金で購入したとある。

箱膳の食具管理　家庭の日常の食事では、近代から卓袱台に変わる戦後まで箱膳を使っていた。長野県小県《ちいさがた》郡豊生では、箱膳の中に箸一組、ワン二つ、皿一枚が入っていた（川端　一九五八）。食事のときは各自が箱膳を準備して、食後は容器に湯を注いですすぎ、布巾《ふきん》でふいてしまった。食具を水を使って洗うのは、盆《ぼん》と正月の年二回だという。盆と正月の前に家内全体をおもいっきり洗って、一切のものを清浄にして神祭りを迎えようとしたのである。

愛知県の山村では毎月一・一五・二八日の三回は、食具だけでなく箱膳から、台所の鍋底まで水をかけてきれいに洗った（瀬川　一九五六）。同県の漁村でも日待ちや祭日の前日に、食具や箱膳、炊事道具一式を洗って井戸端に干した。信州でも大晦日《おおみそか》と盆に神仏の祭具と食具を洗って戸棚を清めたとある。

5　食具の人間工学

箸と身体尺　食具の大きさは使う人の身体の大きさに合っていると使いやすい。計測した数値をもとにした人間工学による科学的な分析以前から、経験知にもとづいて使いやすい大きさを身体を基準にはかる方法が知られていた。身体の一部を基準にして知る方法を「身体尺」といった。

人の手は他の動物とちがって親指がほかの指と対向しているため、指先で小さな豆でもつまめる（橋本・向井　二〇〇二）。二本箸は指先の動きの延長線上にあり、多様な働きができるという。

箸《はし》の長さの身体尺は、親指と人指し指を直角に開いたときの指先と指先の長さ「短アタ」を基準に、一・五アタの長さがよいといった。短アタは身長の約一〇分の一の長さなので、箸は身長の一五％の長さが使いやすい。

飯碗と膳の身体尺　現在の磁器の飯碗の重さは一〇〇〜一一〇グラが多い（秋岡　一九八三）。磁器以前に飯椀として使った漆器椀（汁椀）も一〇〇グラ前後だった。重さが似ているのは、飯碗と汁椀は左手で交互に持ちかえるため、同じ重さのほうが使いやすかったのである。湯呑も八五〜一一〇グラの磁器製がよく売れるのは、陶器製の湯呑は重すぎるからだという。

焼物の飯碗の原初型といわれる室町時代の「山茶碗《やまぢゃわん》」は、大ぶりで三〇〇グラほどあった。江戸時代中頃から伊万里《いまり》で焼いた飯碗は、厚くて二五〇グラムと重かった。明治・大正・昭和と軽くするため改良して、約四〇〇年で一〇〇グラムになった。

膳《ぜん》にも身体尺が認められ、本膳《ほんぜん》料理を料理屋での宴会むけに簡略化した会席料理に使う会席膳は方尺二（一尺二＝三六センチ）で、食具・家具・建物・身体と対応している。

会席膳の縦横寸法は飯碗三個分で、膳に九個が並ぶ。一汁三菜のときは、飯碗と中皿（一五センチ）、手《て》塩皿《しおざら》（八センチ）を並べるとほぼ膳の幅になる。食器戸棚は奥行き尺五（四五センチ）で、裏板と前扉の寸法をひくと三六センチになる。

廊下の半幅は肩幅と同じ四五センチで、膳を持ったまま対向できる。膳を前に正座して、膳の上の料理に手を伸ばすと、身体をかがめなくても箸が届く。膳の幅は正座したときの腰幅、膝幅とも等しいので一体感が感じられる。

6　食具からの文化研究

食具と信仰　手食圏のイスラム教やヒンズー教は、「神から与えられた食べものを食べるとき、フォークなどの器物を使うのは神聖さをおかす」と考える。彼らにとって手食は最も清浄で、神の摂理にかなった人間本来の食法だという。キリスト教でも、一六世紀にフォークが伝わったドイツの牧師のなかに、「神からいただいた食べものは、手で食べるのが本当だ」と反対する人が多かったという。

畿内を中心に、資格のある特定の家だけが出席して、厳格に神事を行う宮座《みやざ》行事がある。京都府木津川市山城町涌出宮《わきでのみや》の「いごもり祭り」の「饗応の儀」では、給仕役の与力座衆《よりきざしゅう》が樫《かし》の枝でつくった箸《はし》で、参列した長老衆の掌に神前に供えた神飯《みけ》を取りわける（図4）。長老衆は掌の神飯を直接口まで運んで手食する。原初的で素朴な手食が、古式にのっとった神事に残るのである。

図4　いごもり祭り（京都府木津川市涌出宮、京都府立山城郷土資料館提供）　高盛飯からを箸で神飯をとり、座衆が手で受けて手食する。

割箸と日本人　伝説では、南北朝時代に奈良県の吉野杉で箸をつくり、後醍醐《ごだいご》天皇に献上した。杉は柾目《まさめ》が通り、まっすぐに割れやすく、香りもさわやかで天皇に褒められる。一本づつ削った箸だったが、箸づくりがさかんになると生産効率をあげるため、箸を完全に切りはなさなくなった。割箸の発明は文政（一八一八―三〇）頃だという。

割箸は高級品で、最初は高級料理屋でしか使えなかった。割箸の普及は近代になってからで、昭和初期に機械化に成功して大量生産が可能となった。戦後は衛生面への配慮から食堂でも利用しはじめた。ただし食堂では最初は、洗った箸を箸立に入れて再利用していた。一九九二年頃は、西南中国の地方の食堂では竹箸を再利用していて、都市の中国人はナイフを持参して箸の表面を削って使った。

割箸は日本人が発明した、民族性がよくわかる食具である。日本人の白木にたいする清浄性と、葉盛と同じ祭具の一回性による穢れの排除がうかがえる。

食具はだれのものか——共用・銘々・属人器　食具と使い手の関わり方は三段階に分類される（佐原一九九六）。大皿や大鉢などみんなが共同で使う「共用器」、小皿・茶碗など各自で銘々に使う「銘々器」にわかれる。銘々器には、飲食がはじまってから終わるまでその人が使う「銘々器（一時的属人性）」と、質・色・形・装飾の違いや文字や記号をいれて特定の人だけが使うという約束や了解ができている「属人器（恒常的属人性）」がある。発展段階は、食具がない、共用器のみ、共用器・銘々器への移行で、儀礼用が実用より早く、上層社会が下層社会より早いと推測できる。なお早く文明が発達した欧米や中国では、共用器・銘々器はあるが属人器はみられないという。

日本の属人器の展開　縄文時代後・晩期に共用器が出現し、儀礼用と実用で使いわけられていた。弥生時代には共用器と銘々器があり、大阪府高槻《たかつき》市紅茸山《べにたけやま》遺跡第三号住居跡は火災後の手つかずの竪穴住居で、出土土器の「壺四、甕一、高杯二、鉢五」のうち小型の鉢五個が銘々器と推測できる（都出　一九八九）。

奈良時代には、自分の意思を文字表現できる人の中から、集団生活で他人に自分の食器が使われることを嫌う男性があらわれた。八世紀の平城京には宮城と役所があり、土師器《はじき》や須恵器《すえき》の皿や鉢などがたくさん出土した。墨書土器も多く、利用する役所や部署の名が書いてある。そのなかの一枚の皿に「醴太郎」がまかないの人に、これは私の器だから持っていってはいけない。盗んだら笞《むち》で五〇叩きだぞ、と書いていた（佐原　一九九六）。

古代から食具にその所属などを記す墨書があり、中世の輸入陶磁器には商取引のための墨書もある（西田　一九九二）。所有者の個人銘が多くなるのは江戸時代の中期以降で、高台《こうだい》の裏側が無釉の陶器碗が普及し、墨書しやすくなったからという。明治時代初期に急に高台裏への個人銘がなくなる。箱膳《はこぜん》に自分の食具を入れるようになり、銘がなくても属人器として利用できたからである。

図５　中国四川省の民家前での少女の食事
中国では属人器はみられず、子どもも大人と同じ飯碗と箸を使っている。

箱膳の普及は飯椀が漆器から磁器に変わる時期と重なると見当をつけることができる（神崎　一九九六）。現存する箱膳に納められていた磁器の飯碗の大半が、近代初期から鉄道で運ばれた瀬戸《せと》焼《やき》と美濃《みの》焼の二ヵ所の焼物だったからである。戦後、箱膳から卓袱台《ちゃぶだい》に変わると飯碗と箸が多様になり、容易に差別化できるようになって恒常的な属人器が誕生する。

属人器は直接口にふれる食具で、個人のテリトリーの境界が唇だと思う人が多く、その境界を越えると特別な仲間になったと考えた。その最たる例が、婚礼における杯事《さかずきごと》で、杯をとおして唇をふれあうのである。

過渡儀礼と飯碗　属人器には、使う人の思いがこもっている。西日本を中心に、葬送や婚姻儀礼では本人の飯碗を母屋を出るとき割った。過去の自分が属していた世界との関係を絶ち、次の世界に移行するための過渡儀礼の一つだった。兵庫県の稲美町では母屋の門口で藁《わら》一束を燃やし、「帰って来るなよ」といって死者の飯碗を割った。

近畿・中国地方に多かったのは、花嫁が実家を出る出立《いでた》ちの儀式として門口で藁一把を燃やし、嫁の飯碗を割る習俗である。

ジェンダーと食具　現代の日本の磁器の飯碗の口径は、一一・八センチ（三寸六分）か一二・五センチ（三寸八分）、高さは四・八か五センチで、前者は女性、後者は男性好みだという（神崎　一九九六）。それより少し大きい口径が一三・二センチ、高さ五・五センチの飯碗を、前の二種と組合わせると夫婦碗《めおとわん》になる。日本では結婚祝に夫婦箸を贈る慣習があり、二人で安定した新家庭を築いてほしいと願いを込めるという。

それがいつのまにか夫婦茶碗（飯碗）や夫婦箸をみなくなった。ジェンダーによる格差解消を目指し、日本では一九九九年（平成一一）に男女共同参画社会基本法が成立した。夫婦揃って使う食具にあまり差があると男性優位社会を意識させてしまう。先日土産店の奥で夫婦湯呑《ゆのみ》をみつけておどろいたのは、青と赤で色は違うがほぼ同じ大きさだったことである。

韓国でも属人器があり、飯碗・汁碗・箸・匙の四種類だという（佐原　一九九六）。属人器は、男性用と女性用に分かれ、男性用は深く大きくて丈夫、女性用は浅くて華奢《きゃしゃ》だという。嫁側が同じデザインの夫婦四種類のセットをそろえるのが決まりで、花嫁道具の一環として持参する。

韓国の夫婦箸匙は一九八〇年頃は男性用と女性用で長さに差があったが、最近は同じ規格の箸匙を持たせる（橋本・向井　二〇〇一）。ジェンダーよりも、女性の体格がよくなり、差がなくなったためだという。

マイ食具は愛情表現　現代の日本の家庭では飯碗と箸が属人器であることが多く、湯呑茶碗がそれにつぎ、汁椀を属人器とする家庭もある（佐原　一九九六）。京都では正月の雑煮用の椀、箸袋に名を書いて属人器とする。属人器のある家庭が八割以上あるという。

愛知大学の「食具論」の受講生を対象に、箸・コップ（湯呑）・飯碗の属人器調査をした。最近の家族の食事は、鍋や大皿にもった副食を直箸《じかばし》で食べることが多く、属人器は減少していると予想した。ところが二八人のうち一人を除いて属人器があり、ない一人も家族で一緒に食事することが少ないからで、家族と来客用は明確に区別している。属人器がある二七人のうち、箸を属人器としているのは二五人、飯碗は二四人、コップは二〇人だった。

属人器にする理由は、箸は直接口にふれるので衛生面もふくめ、自分のものを使いたいのと、手の大きさにあった箸を使いたいという理由が多かった。コップは、箸と同じで直接口にふれるため、飯碗は食べるご飯の量が決まっているためという理由だった。

属人器を使いはじめたきっかけは、母親が子どものころ買いそろえてくれたという回答が多かった。七五三の宮参りがきっかけだったという学生は、神社からはたらきかけがあったという。成長して自分好みに変えるとき、マイ取皿を一緒に購入した女子学生もいた。男子学生は、母親まかせで買ってきてもらう。子供の食具を整えるのは、母親の子どもの成長を願う愛情表現だと強く感じた。

参考文献

秋岡芳夫　一九八三年「和食器再考」『食生活研究』四巻三号
朝倉敏夫　二〇〇五年「韓国匙と箸の文化」『Vesta』六〇号
印南敏秀　二〇〇七年「食の民具」『民具研究特別号　日本民具学会三〇周年記念　民具研究三〇年の動向と展望』日本民具学会
一九八八年「中・天若のものとくらし」日吉ダム水没地区文化財等調査委員会編『日吉ダム水没地区文化財調査報告書』日吉町
二〇〇一年「佐久間町の食文化と火所の生活誌」佐久間町教育委員会編『佐久間町の「山・

川に生きる諸用具」等保存活用』
川端豊彦　一九五八年「食事・食器」『日本民俗学大系第六巻　生活と民俗1』（のち一九八五年、平凡社）
神崎宣武　一九八四年『台所用具は語る』筑摩書房
　一九九六年『「うつわ」を食らう』日本放送出版協会
　一九九八年『図説　日本のうつわ』河出書房新社
佐原　真　一九九六年『食の考古学』東京大学出版会
周　達生　一九八九年『中国の食文化』創元社
瀬川清子　一九五六年『食生活の歴史』講談社（のち一九六八年、講談社）
田村晃一　二〇〇七年「『魏志』倭人伝にみる食べ物」河野眞知郎他『暮らしの考古学シリーズ2　食べ物の考古学』学生社
都出比呂志　一九八九年『日本農耕社会の成立過程』岩波書店
西田泰民　一九九二年「出土陶磁器に探る食文化」江戸遺跡研究会編『江戸の食文化』吉川弘文館
野本寛一　一九九三年「食と食器の民俗」並木宏衛他編『万葉集の民俗学』桜楓社
橋本慶子・向井由紀子　二〇〇一年『ものと人間の文化史　箸』法政大学出版局
文化庁編　一九七八年『日本民俗地図6　婚姻』国土地理協会
　一九八〇年『日本民俗地図7　葬制・墓制』国土地理協会
本田総一郎　一九七八年『箸の本』柴田書店
『南関東の共有膳椀』編集委員会　一九九九年『南関東の共有膳椀―ハレの食器をどうしていたか―』

関東民具研究会
宮本馨太郎　一九七三年『民俗民芸双書　めし・みそ・はし・わん』岩崎美術社
山口昌伴　一九九七年「解説」芳賀登・石川寛子監修『全集日本の食文化第九巻　台所・食器・食卓』
雄山閣出版
尹　瑞石　一九九五年『韓国の食文化史』ドメス出版

焼く・煮る・蒸すと火の文化

石垣　悟

1　火処の移り変わりと調理法

炉の発生　人類は、火を手に入れたことで他の動物と全く異なる歴史を歩んできた。柳田国男《やなぎたくにお》が、人類の火の利用の理由を「食物を食べよくすること」といったように（柳田　一九四四）、食においても火は革命的な役割を果たした。また郷田洋文《ごうだひろふみ》は、食文化における火の機能を実用的機能と信仰的機能に大きく分けている（郷田　一九五五）。ここでは、焼く・煮る・蒸すなどの火を用いた加熱調理法とその用具類を取り上げ、人と食と火の関係について実用と信仰の両面から考えてみたい。

さまざまある加熱調理法の中で最も基本的なものは、「焼く」であろう。それは、端的には食べられるようにする方法であるが、同時に食べやすくする、安全に食べられるようにする、保存が効くようにする、美味しく食べられるようにするなどの効果もある。しかも「焼く」は、特別な用具などを要せず、木串などに刺した食材を直接火にかざすか、岐阜県飛騨《ひだ》地方の朴葉《ほおば》焼きや秋田県の貝焼きのように自然物に包んだり載せたりすればよい最も単純な調理法でもあった。

「焼く」のために住居内に設けた火を焚く場所を炉《ろ》という。縄文期にみられた炉は、石囲炉《いしがこいろ》や土器《どき》敷炉《じきろ》など竪穴住居の地床の中央を掘り込んだもので、それが後に居室の床面を掘り込んだ囲炉裏《いろり》や、火処を石や粘土で囲んだ竈《かまど》に展開していったことは想像に難くない。

囲炉裏の展開　囲炉裏は、床や土間の一部を方形に掘り込んで木枠で囲み、内部に灰を敷き詰めた炉（図1）であるが、いつ頃完成されたかは必ずしも詳らかでない。ただ、全国的にみられ、東北でヒホド、シバト、関東や中部でジロ、ジル、北陸でエンナカ、中国・四国でユルイ、ユルリなどと呼ばれ、室町期には三尺×三尺、四尺×六尺などの規格も定まったとされる。

囲炉裏は、調理だけでなく採暖、採光などの機能もあった。囲炉裏のある空間は、接客や団欒《だんらん》、手仕事の場として家屋の中心に位置したことからさまざまなルールが設けられた。特に囲炉裏周辺の座は厳格に規定され、神棚などを背にして主人が座るヨコザ、来客の座るキャクザとともに、食と火を司る主婦の座るカカザが重要な意味をもった。カカザは、食事の準備や分配に便利な場で、カシキザ（炊き座）、ナベザ（鍋座）、エヌシ（家主）などとも呼ばれたように、調理を含む家政を司る象徴であった。姑《しゅうとめ》が嫁に主婦の地位を譲ることを「カカザを譲る」などという地域もあった。

囲炉裏では食材を焼くほか、煮ることも多かった。囲炉裏で食材を煮る場合は鍋《なべ》を用いた。鍋は、鎌倉期頃までは土焼きの堝《なべ》が主だったが、大阪府南部の河内《かわち》鋳物師《いもじ》の造った河内鍋を一つの嚆矢《こうし》として次第に鉄製の鍋が普及した。囲炉裏で鍋を用いる方法には、鍋を吊るす方法と、鍋を据える方法がある。日本列島の北緯三七度付近以北では、年間の半分近く昼も採光や採暖を必要とした。そのため囲炉裏の火力を弱めるわけにいかず、調理時の火力調節には吊るした鍋を上下させる必要があった。そこで重宝されたのが自在鉤《じざいかぎ》である。自在鉤の横木を動かして軸木の位置を変えて鉤を上下させ、吊るした鍋と火の距離を調節した。いっぽう北緯三七度付近以南では、採光や採暖の必要性も少ないため、相対的に火力自体を調節すればよく、五徳《ごとく》などの脚のついた鉄輪《かなわ》に鍋を据えた。

図1　囲炉裏(青森県八戸市)

竈の導入と展開　鍋を据えて加熱調理する設備には竈もあった。竈は、火処を覆うので熱効率がよく燃料も節約できる設備で、古墳時代の住居跡には壁際に作り付けたものがみられた。クド、クドサ

図2　改良竈（徳島県勝浦市）　壁に祀られるのは荒神。

ン、ヘッツイなどと呼ばれ、カマドと呼ぶのは明治以降にこれを導入した地域に多い。主屋の土間に作り付けることが多いが、南西諸島から西日本の太平洋沿岸には、竈のある釜屋《かまや》を別棟で設ける地域もあり、後述する火をめぐる信仰との関わりで注目される。

明治以降、排煙用の煙突を備えた竈や、焚口《たきぐち》に火力調節用の鉄製扉をつけた竈もでてきた。中でも文化竈、改良竈（図2）などと呼ぶ、レンガ積みの竈やタイルを張った竈は、熱効率が格段に向上しただけでなく、その場で立って調理できるものまであり、戦後の生活改善運動の台所改善で全国的に普及した。

竈には、移動できる小型の竈もあった。竈形土器などと呼ばれる古いものは、古墳などから出土することも多く、冥界での火処を示す祭器であったとも考えられる。その後、茶の湯で用いられた風炉《ふろ》を嚆矢とし、江戸期に置き竈と呼ばれる作り付けでない竈や、持ち運びできる鉄製竈が登場し、さらに第二次世界大戦前後からは燃料節約のため籾殻を用いる鋳鉄製の竈も使われた。富山県砺波《となみ》地方ではこれをヌカベッツイなどと呼んで戦後もしばらく重宝したという。

米の調理法の歴史と地域性　郷田は、各地の民家の間取り、そして囲炉裏と竈の名称や火処の名称、とりわけ囲炉裏をカマドと呼ぶ事例に注目し、竈は囲炉裏から分化したとみた（郷田　一九五八）。また宮本常一《みやもとつねいち》は、囲炉裏での調理と竈での調理を「在来（山）の文化の食べ方」と「稲作を中心にした人たちの食べ方」として対比させ「日本における食事の調理法として二つの系統がはっきりみられる」といった（宮本　一九七九）。いっぽうで竈跡のある遺跡には渡来人系のものも多く、竈は古墳時代中期（四〜五世紀頃）に朝鮮半島経由で入ってきたとする見方もある。竈自体は東アジアに広くみられるが、据える釜の大部分を火で包み込む形状は、日本列島のほか朝鮮半島や中国に主にみられ、日本の竈に中国や朝鮮半島の影響のあった可能性は高い。

囲炉裏と竈の関係史を米の調理と絡めて考えると興味深いことがわかる。日本列島では縄文末期に農耕が始まり、弥生期には稲作が本格的に行われるようになった。米を含む穀類を加熱調理する時、囲炉裏では「煮る」、竈では「蒸す」という方法が採られた。竈跡のある遺跡には、千葉県船橋市の夏見台《なつみだい》遺跡（旧石器時代〜平安時代）のように、竈跡付近から鉢形土器の底に小さな孔のある甑《こしき》が出土することもあり、湯をはった甕の上に、米を入れた甑を据えて蒸したことを示唆する。米を粒状のまま食べるには、この方法が適していた。いわゆる強飯《こわいい》である。

いっぽう囲炉裏にかけた鍋で米を煮ると、粒が鍋に焦げ付くうえ、自在鉤に吊るした鍋では揺れやすく掻き回しにくいから、粘り気の強い米の調理には向かず、鍋の水を多くした結果、汁粥《しるかゆ》となった。これを解決する方法として考えられたのが湯取り法であった。それは沸騰させた湯に米を入れ、煮えたら湯汁を取って蒸らすという調理法で、稗《ひえ》や粟《あわ》などの雑穀の調理や、糧飯《かてめし》のような米と雑穀の混炊に適した。湯取り法による粥は固粥《かたかゆ》といった。固粥は、平安期には貴族や僧侶が食べるようになり、強飯と区別して姫飯《ひめいい》とも呼ばれた。強飯から姫飯への変化の背景には柔らかい食物への嗜好があった。その後、徐々に米は姫飯で食されるようになり、強飯はハレの食事に限られるようになった。現在ハレの場にでる赤飯などは強飯の一種である。

羽釜と炊飯　今日のように釜（羽釜）で煮てそのまま蒸らして水分を吸収させて米をふっくらと「炊く」調理法は、室町期に現れ、米の生産量が増大して米食の機会も増加してくる江戸期以降、湯取り法に代わって普及したと考えられる。古墳時代の遺跡からおこげのついた土器が出土し、すでに米を炊いていたという見方もあるが（佐原　一九九六）、「炊く」の登場は、竈に据える羽釜《はがま》の登場する室町期以降とみるのが妥当だろう。

中国や朝鮮半島の釜は口に鍔《つば》があり、竈に常時据える仕様になっている。これに対して日本の羽釜は、釜の中ほどに鍔がつき、必要に応じて竈から取り外しできる。炊飯時は鍔の下まで米を入れ、圧力をかけるため分厚い木蓋をして煮て、鍔より上部の空間に水蒸気をこもらせて蒸らしたのである。「はじめチョロチョロ、中パッパ、赤子泣くとも蓋取るな」という炊飯法は、煮る、蒸す、焼くという段階が連続的に起こる炊き干し法という日本独自の調理法で、羽釜はそれを可能とした傑作であった。

北緯三七度付近を境とした気候差により、西日本では主に竈が、東日本では囲炉裏が調理に用いられ、東日本への竈の普及は遅れた。東日本で調理に竈が本格的に使われるのは江戸期以降とされる。人や物が上方から江戸に流入する中、竈で「炊く」も定着した。江戸やその近辺では米の炊飯は竈、汁物の調理は囲炉裏という併用も生じ、土間に竈と囲炉裏の双方を備えた民家もみられた。

ただ「炊く」が全国的になるのは、戦後を待たなければならなかったことにも注意しておきたい。日常食であったかて飯（糧飯）は、白米にさまざまな食材を混ぜるため、囲炉裏で「煮る」で十分対応できた。東北地方北部や中国地方山間部などでは、戦後もしばらく日常は囲炉裏で調理し、竈はハレの場で餅搗《もちつ》き用の米を蒸す時だけ用いることも多かった。青森県八戸市《はちのへ》（旧南郷村《なんごう》）世増《よまさり》で昭和末期まで住まわれていた民家をみると、雑穀と米を主食とし、竈は飼葉《かいば》や味噌《みそ》用の大豆を大釜で煮る程度で、台所にあたる空間も羽釜もなく、日常調理のほとんどを囲炉裏にかけた鍋で行った。

このように竈に据えた羽釜で「炊く」は、江戸期より普及し始めるものの、全国的に定着するのは戦後である。しかし、炊飯／米と羽釜を結びつけるイメージは確実に定着し、竈の使われなくなった今日まで残った。炊飯器は昭和三〇年代から普及し始めるが、今日市販の電気炊飯器には、米を美味しく炊ける秘密として羽釜の応用をアピールするものもある。

以上のような米の調理法の変化は、「鍋で煮られるよりも甑でむして食うことの方が古かった」という指摘や（瀬川　一九五六）、もとは竈で蒸したが、やがて囲炉裏で煮るに変わり、さらに羽釜の登場で再び竈で炊くようになったという推測とも一致する（柳田　一九四四）。竈で「蒸す」と囲炉裏で「煮る」が東西の地域分布を緩やかにみせつつ推移したことが、「日本の米」の味と食感を決定づけた「炊飯」を生んだ。

焼く・炒る・炒める　米以外の食材では「蒸す」「煮る」「炊く」の他にもさまざまな調理法がある。当然ながら「焼く」は、囲炉裏でも竈でも基本的な調理法となる。囲炉裏では、木串に刺した魚や肉などを火に直接かざした。中部地方山間部のゴヘイモチなども潰した米を棒に塗りつけて焼いたもので、それによって一定の保存も可能となった。竈で食材を焼くことも可能で、江戸期以降、都市部では大きな竈で大量の薩摩芋《さつまいも》を焼いて販売する焼き芋屋がみられた。

この「焼く」の一形態として、焙烙《ほうろく》で加熱する「炒る」、さらに油をひいて加熱する「炒める」もある。焙烙は、直接火にかけられない食材を焼くための薄手の器で、炒り鍋ともいわれた。大豆・米・胡麻《ごま》を加熱して炒り豆・炒り米・炒り胡麻を作り、塩を加熱して焼き塩を作ることもあった。焙烙は、大量生産されて安価だったが割れやすかったため、どこの家でも複数枚所有していた。

「炒める」は、明治以降、フライパンを用いるようになって主に行われるようになった。特に戦後、竈や囲炉裏に代わってガスコンロが普及するのと呼応するようにフライパンの重要度は増し、食生活のあり方を大きく変える原動力の一つとなった。戦前は鉄製のフライパンが都市部で使われたが、戦後はアルミ製やテフロン加工を施したものが登場して広く使われるようになっている。

「炒める」が「焼く」の一方法であることは、フライパンで肉類・魚介類や野菜類とともにソースをかけて炒めたそばを「焼きそば」と呼ぶことからも明白である。関連してフライパンの普及と連動するのが、明治以降、都市部から普及する鉄板で「焼く」という食文化である。焼きそばをはじめ、水に溶いた小麦粉を生地とするお好み焼きやたこ焼きなどは、その原形を幕末まで遡れるというが、副食として広く普及するのは鉄板の普及する昭和期からで、特に戦後は自家でも盛んに調理されて今日に至っている。

煮る・揚げる　「煮る」は、囲炉裏でも竈でも可能な調理法であった。鍋や釜に液体と食材を入れて加熱調理する際、食材に味を浸み込ませる場合を「煮る」、そうでない場合を「茹でる」という。玉葱《たまねぎ》や人参《にんじん》などの食材を多彩な香辛料とともに加熱調理するカレーは「煮る」で、卵を湯に入れて加熱処理するゆで卵は「茹でる」である。

味噌汁などの汁物も「煮る」にあたる。このうち寄せ鍋や石狩鍋《いしかりなべ》のような鍋物は、主に明治以降に調理されるようになった。例えば、秋田県北部のキリタンポ鍋は、山仕事の者が携行食として用いた、潰した米を棒に塗りつけ囲炉裏で焼いたキリタンポを、囲炉裏にかけた鍋で鶏肉や牛蒡《ごぼう》、糸蒟蒻《いとこんにゃく》などと煮た鍋物で、郷土料理としては明治以降に盛んに作られるようになった。獣肉を煮た鍋物も明治以

図3　牛鍋（仮名垣魯文『安愚楽鍋』より）

降、公に調理されるようになったが、そこには獣肉は囲炉裏や竈を穢《けが》すとして忌避され、持ち運びできる小型の竈や七輪《しちりん》で調理された事情もあった。仮名垣魯文《かながきろぶん》の『安愚楽鍋《あぐらなべ》』（一八七一〈明治四〉―七二年）に描かれた牛鍋をつつく様子（図3）は、単に牛鍋屋での外食のため七輪で煮て食するだけでなく、家での肉食忌避も背景に少なからずあったとみるべきだろう。

「揚げる」は、高温になった大量の油に食材を入れて加熱調理することをいい、「煮る」の応用ともいえる。この調理法自体は、奈良時代にすでに菓子の製造法としてあったが、胡麻油は高価で流通量も少なかったため、庶民にはほとんど普及していない。江戸中期に油菜《あぶらな》が伝来すると量産可能な菜種油が普及し、天麩羅《てんぷら》や油揚げなどが調理されるようになった。明治以降、西洋料理の影響でトンカツ、コロッケなどの日本風にアレンジされた揚げ物が広く食べられるようになって今日に至っている。伝統的に魚を焼かずに煮ることの多い沖縄で、今日魚を揚げることの多いのは、「揚げる」が「煮る」の応用であることをよく示していよう。

蒸す・燻す　加熱で生じる蒸気や煙を利用した調理法に「蒸す」と「燻《いぶ》す」がある。蒸気を利用する「蒸す」は、大分県別府温泉の地獄蒸のように、天然の蒸気を利用した設備もあるが、古くは竈に据えた土焼きの甕《かめ》で湯を沸かし、その上に据えた土焼きの甑に食材を入れて蒸した。甑は後に木製の蒸籠《せいろ》となった。蒸籠は、杉・檜《ひのき》の板を四角形に組んだものや、杉・檜の薄板を円形に曲げたもので、奈良時代には登場したという。いずれも底部に竹簀《たけす》と布を敷いて食材を載せ、何段か積み重ね、湯をはった釜の上に据えた。早く蒸せた下の蒸籠から順に取り出す方法や、上下を適宜交換しながら均等に蒸す方法があった。団子・饅頭《まんじゅう》の類のほか、魚や薩摩芋、トウモロコシなどさまざまな食材が蒸され、戦後、アルミ製の蒸籠も登場したが、電子レンジなどが普及した今日、蒸籠を使う機会は激減している。

「燻す」は、囲炉裏でも竈でもみられた調理法である。囲炉裏では火の粉が舞い上がって屋根裏に引火するのを防ぐため、ヒアマなどと呼ぶ格子状の火棚《ひだな》を梁《はり》から吊るした。この火棚に食材を載せたり、籠《かご》に入れて吊るしたりして煙で燻した。また、串刺しにした焼魚をベンケイなどと呼ぶ藁苞《わらづと》に刺して吊るすこともあった。秋田県南部のイブリガッコも囲炉裏近くの梁に吊るしたり、火棚に載せたりして燻した大根漬である。降雪が早く日照時間も少ない地域で秋大根を加工する調理法で、長期保存が効いて冬場の食料として重宝されただけでなく、独特の香味や旨味もあって近年では土産品にもなりつつある。福岡県筑後《ちくご》川下流域ではクリークで獲れた魚を木串に刺して焼いた後、竈の上に吊るして燻した。これはヒボカシと称され、燻された魚は長期保存の効く貴重な蛋白源《たんぱくげん》となり、木串に刺したまま焼いてから食べた。

なお、火処に溜まる灰もまた食と深い関係にある。山間部では、雑穀類を粉に挽《ひ》いて水で捏《こ》ねた団子を前夜に囲炉裏の灰に埋めて置き、翌朝掘り出して灰をはたいて食べた。その代表ともいえるのが、長野県のオヤキである。茄子などの煮物や野沢菜漬を丸め、小麦粉を練った生地で包んで表面を少し焼いた後、これを囲炉裏の灰の中に埋めて灰の保温力で焼くのである。そのため灰にも一定の質が求められた。青森県八戸市などの小麦餅や蕎麦《そば》餅のホドヤキも同様で、雑穀の食べ方の一典型であった。鹿児島県のアクマキも灰を有効利用する。アクマキは鹿児島内でも地域性があるが、基本的には灰汁《あく》に浸した糯米《もちごめ》を竹皮に包み、釜に入れた灰汁で煮る。灰により保存効果を高めて田植えの際や端午《たんご》の節供《せっく》などで食された。

これらの多様な加熱調理は必ずしも単独で完結するとは限らない。例えば、静岡県の山間部で食べられた搗芋《かちいも》は、薩摩芋を蒸籠で蒸した後、囲炉裏の火棚で燻し（乾燥させ）、食べるときは水で戻して鍋で煮た。また餅一つとってみても、糯米を蒸して搗いた餅を、食べる際は焼き、地域によっては焼いた餅をさらに煮ることもある。複数の加熱調理法を巧みに組み合わせることで地域的特色のあるさまざまな料理が生まれたのである。

加熱調理用具の展開　多様な加熱調理法を支えた調理用具には、囲炉裏や竈のほか七輪や焜炉《こんろ》などがある。七輪は、木炭を熱源とする持ち運び可能な火器の一つで、カンテキとも呼ばれた。火口の開いた朝顔型の焼き物で、灰を下部に落として強い火力を得られる構造になっており、軽くて保熱性の高い用具として普及した。七輪では、鍋を据えて食材を煮るほか、屋外に持ち出して鉄製の網を敷いて魚などを焼いた。一七一二年（正徳二）の『和漢三才図会《わかんさんさいずえ》』でも紹介されるように、江戸前期（一八世紀初）には登場し、愛知県や石川県などで産出した珪藻土《けいそうど》から盛んに焼成された。七輪の普及した背景には、江戸や京坂などの都市部にいわゆる下町が形成されたこと、熱源である木炭の生産量が増大したことがある。小さな長屋では、作り付けの大型の竈よりも簡便で火力もある七輪が重宝されたのである。

この七輪の登場と連動していると思われるのが、行平《ゆきひら》である。行平といえば、木製の片取っ手で注ぎ口のついた小型のアルミ鍋を思い起こすが、かつては土焼きの堝であった。江戸中期（一八世紀末）、七輪よりやや遅れて登場したとされ、汁物や粥を煮る際に重宝された。「行平」の名を在原行平《ありわらのゆきひら》に絡めた伝承もあるが、「行」を行灯《あんどん》や行火《あんか》の「行」と関連付けて持ち運びできる平鍋と解釈できるならば（小泉　一九九八）、七輪と同様に簡便さから普及した調理用具として注目されよう。

焜炉とは、七輪も含めた小型の炉全般を指す。特にガスの普及で登場した焜炉にガスコンロがある。明治末には売り出されたが、実際普及し始めるのは農村部では戦後、都市部でも大正期に入ってからである。囲炉裏からガスコンロへの変化に応じて鍋も変わった。自在鉤に吊るす形から五徳に据える形へ変わっただけでなく、鉄製で丸底の吊り手付きの重い大型鍋が、アルミ製で平底の取っ手付きの軽い小型鍋へと変わった。火力を自在に操れるガスコンロは多様な加熱調理法に対応した。

明治以降、加熱調理用具は概して小型化と機械化が進んだ。特に戦後、湯を沸かす電気ポット（昭和三〇年代〜）、加熱処理する電子レンジ（昭和四〇年代〜）、さらに電磁調理器など電力を熱源とする用具が続々登場した。調理は格段に楽になったが、同時に火を直接用いないばかりか、火を目にする機会すら少なくなった。それは食における火の二度目の革命ともいえよう。背景には、温かい＝美味しいという観念の定着も深く関わっている（柳田　一九三一）。食事の直前に温める出来合いの料理や、湯を注ぐだけで食べられるインスタント食品の広まりは、調理する火から温める熱へという「調理」の変化をもたらし、バーベキューに象徴されるように、今や火による調理を非日常的なものにすらしつつある。

2　信仰としての火と食

竈や囲炉裏の神と家　火は神聖なものとされ、囲炉裏《いろり》や竈《かまど》など火を用いる場には屋内神《おくないしん》が祀られることも多かった。竈に祀られる神は、『古事記』にも登場するほど早くから重要な存在であった。新たに竈を築く際は原料の土を塩や神酒《みき》などで浄めてから用い、出来上がった竈には竈神《かまどがみ》が祀られた。

近畿から中・四国にかけては竈神を三宝荒神《さんぽうこうじん》とすることが多く、柱に「鎮三宝荒神」などと墨書された御札を貼った。畿内の民家では、焚口《たきぐち》を複数もつ竈（図4）も多く、普段使わない一番大きな竈に松や榊《さかき》が供えられた。

図4　複数の焚口をもつ竈（滋賀県栗東市）

宮城県から岩手県南部の旧仙台藩領では、家を新築すると、恐ろしげな形相をした土製や木製の大きな面を竈神（図5）として竈近くの柱に祀る。竈神は、カマジン、カマオトコなどといい、正月には幣束《へいそく》と注連縄《しめなわ》を取り替えて餅や神酒を供えた。

また、新潟から長野にかけての山間部では、栗の木に顔を描いて注連縄で縛った二体の人形、釜神様を竈の上の神棚に祀った。正月三日には釜神様の年取りと称し、新しいものに取り替え、供物《くもつ》をあげた。釜神様には田植えの際にも稲苗を二把供えて豊作を祈願した。

竈神に稲の豊作を祈願する地域は多い。中・四国でも、田植えの際は稲苗三把を、稲刈りの際は初穂を竈に供えて豊作祈願や収穫感謝をした。この竈と稲作との関係、作神としての竈神、炊飯施設としての竈といった点から、炊飯を一種の神事であったとみる見解もある（有賀　一九四八）。

こうした性格もあって竈神は、すべての神が出雲《いずも》に行くという神無月《かんなづき》にも留守神として家に留まると伝える地域も多い。日常生活に密着して家族を見守る、まさに家を守る屋内神としての性格を読み取ることができる。そのため分家することを「竈を分ける」、破産することを「竈を割る」「竈を返す」などといい、「カマド」が家を意味する場合もある。家人が亡くなると竈の灰を取り替えたり、竈自体を作り替えたりすることまであった。

奄美《あまみ》・沖縄にみられるヒヌカンも竈神と家との深い関係を示す。ヒヌカンは、火の神で、古くは民

図5　竈神（岩手県一関市）

家の炉自体をヒヌカンとしたが、竈の普及した後は、海から拾ってきた三つの石と香炉《こうろ》を竈の上に置いて祀り、主婦が毎月一日と一五日に塩と水を供えて家の繁栄を祈る。また婚出や分家の際は香炉の灰を分けるなど、ヒヌカン（火の神）＝竈神＝家の守護神＝女性の祀る神という性格をもつ。

竈と同様、囲炉裏も神祭を行う神聖な場となった。家屋を建て替える際に灰も移す地域や、家人が亡くなると灰を取り替える地域も少なくない（有賀　一九四八）。節分の豆が災厄除去と無病息災の効力をもつのも、囲炉裏の火で炒ったものであるからに他ならない。囲炉裏の上の自在鉤《じざいかぎ》は、オカギドノ、オカギサマなど敬称で呼ばれて神が宿るとされ、正月に注連縄を張ったり、分家に新しいものを与えたり、主人が亡くなると新しいものに取り替えたりした。自在鉤を揺すると貧乏になるという地域もあった。

火の永続・更新と家　このように囲炉裏や竈は、家屋の中心的位置にあって家そのものを象徴していたから、そこで焚かれる火もまた家の永続の象徴として絶やしてはならないとされた。その火を管理する主婦は、火種を常に絶やさないようにするのが嗜《たしな》みであった。竈や囲炉裏の神聖な火で調理された食物を家族で一緒に食べることは、日常生活での絆を深め、家を永続させることに繋がった。しかも囲炉裏や竈は異界への入口でもあったから、その火は異界からもたらされた神聖な火でもあった（飯島　一九八六）。

年の改まりに合わせて火も改める若火《わかび》迎《むか》えを行う地域は多い。京都市東山区の八坂神社で行われる白朮祭《おけらさい》もまた、大晦日《おおみそか》の晩にオケラというキク科の植物を焚く行事で、参詣者はこの火を火縄に移して持ち帰って家の火種とし、元旦の雑煮を炊いて食べる。

奈良県桜井市の大神《おおみわ》神社で元旦未明に行う繞道祭《にょうどうさい》も同様で、大松明《おおたいまつ》が三輪《みわ》山麓を巡って豊作祈願する行事であるが、初詣に訪れた人々は新たに鑽《き》り出された火を火縄に移して持ち帰って雑煮を炊いて食べる。

新たな火を迎えるには家を清浄にしておく必要がある。竈祓い、竈注連などと呼ばれる、年末に巫覡《ふげき》（神がかりとなって吉凶を予言する者）や修験者《しゅげんじゃ》などが家々を訪れて祈禱する習俗は西日本を中心に広くみられ、竈の前で祈禱をし、配られた御札は囲炉裏や竈の近くの柱に貼られた。今日、年末の大掃除の意味合いの強い煤払《すすはら》いも、竈祓いと呼ぶ地域があり、一年間貯まった煤、つまりは穢れを取り祓って新たな火を迎える準備的儀礼であったとも解せよう。

このように火は、家の永続と類感呪術的に結び付くいっぽうで、世代や年の節目には敢えて切り替えることで清浄／正常を保った。郷田《ごうだ》洋文《ひろふみ》は、この永続と断絶という一見相反する性格は「異なる観念に支えられている」（郷田　一九五五）というが、火を清浄な状態で次年や次代に繋いでいくという点でいえば、日常は穢《けが》れに注意しながら絶やさないようにし、年や世代の節目にはそれでも蓄積されてしまう穢れを祓うために切り替えるという矛盾なき併用がなされているとみるべきだろう。この切り替えは継続のための手段であり、永続と断絶という火の両義的性格を反映している。

小正月の火と食　囲炉裏の火は正月の祝い事の中心でもあった（柳田　一九四四）。小正月前後に囲炉裏を祭場に年占《としうら》や予祝《よしゅく》を行うことは多い。長野県長野市若穂《わかほ》町では一月一五日に小豆焼《あずきや》きと呼ぶ年占が行われる。地域の人々が新築の家に集まって囲炉裏でカワラケを熱し、小豆を一粒ずつ入れて炒り、小豆の動きや焼け具合などから、その年の吉凶や穀物の作柄を占う。類似の年占を自家の囲炉裏で行う地域も多い。

正月飾りを集めて燃やす火祭りもまた、火と食の関係を象徴する。福島県三島町滝谷《たきや》のサイノカミのように、この火を儀礼的に新たに鑽り出すことも多く、その火で焼いた餅を食べると無病息災で過ごせるという。島根県大田《おおだ》市五十猛《いそたけ》町で行われる小正月行事、グロは、竹の骨組を笹や筵《むしろ》で覆った仮小屋を作り、地域の人々が集まって過ごす。仮小屋の内部には炉が切ってあり、そこで焼いた餅やスルメを食べると無病息災に過ごせるという。小正月の火は、神意をうかがうことを可能とし、その火を用いた食材を食することは神の力を得ることにもなった。

別火での食事　火の神聖性とその背景にある永続性や連帯性を逆照射する習俗が、別火《べっか》である。忌火《いみび》ともいい、非日常的な場で、日常とは別の火処の火を用いて供物や食物を調理することをいう。それは火が穢れるのを防ぐために採られた措置とされる。例えば、月経・出産や葬式といった血の穢れや死の穢れのある妊婦や遺族は、普段と別の火で調理したものを食べた。特に出産の際の妊婦の別火は厳重で、一定期間、場所まで変えて通常の囲炉裏や竈とは別の火で調理した食物を食べた。新潟県

図6　産小屋（福井県敦賀市）

佐渡《さど》市では月経や出産のとき女性は別鍋《べつなべ》を使って食事を摂った。別鍋は、小さな竈とそこに据える大小の鍋、料理を盛る椀からなる炊事セットで、月経のときは台所の片隅で、出産のときは納屋に籠ってこれで煮炊きして食事を摂った。また、中部地方以西の海岸沿いには、オブヤ、デベヤなどと呼ぶ別棟の小屋（図6）がみられ、妊婦はここに籠って出産し、煮炊きの際は小屋に囲炉裏や竈が設けてあればそれを利用し、そうでなければ七輪《しちりん》などを持ち込んだ。そこには神の加護の下で出産する意味合いもあり、食事内容も塩と白米のみで普段と異なっていた。

いっぽうで、火を別にすることには、祭事で用いる火を清浄に保ち続ける意味合いもあった。畿内の民家には、日常用いる竈に、カザリクドなどと呼ぶ一族所有の大きな竈が併設されることもあり、その火は祭事で餅や強飯《こわめし》を作るときだけに使われる特別なものであった。穢れを避けるため日常と非日常で火を別にする点は、先に触れた主屋と別棟にそれぞれ竈を設ける民家形式にも通じるかもしれない。

臨時の竈と食　神聖な火を焚く竈は、ときに臨時に作られることもある。四月頃、家族で弁当などを持参して野山に出かける、山遊び・野遊びなどという習俗が、かつて全国的にみられた。花見もこの系譜に連なる。この習俗は本格的な稲作を前に田の神を迎える行事ともいわれ、臨時の竈を設けて調理・食事することも多かった。群馬県多野郡上野村乙父《おっち》や埼玉県秩父《ちちぶ》郡小鹿野《おがの》町大字河原沢《かわらさわ》では、四月三日にオヒナガユ・オヒナゲエと呼ぶ行事を行う（図7）。野遊びに雛《ひな》祭りが結びついた特色ある行事で、子どもたちが神流《かんな》川の川原にシロなどと呼ぶ囲みを石で作り、南側にお雛様を飾る。そして川原石で作った竈に鍋を据えて粥《かゆ》を炊き、味噌汁《みそしる》を煮て、粥をお雛様に供えた後、皆で食べる。

図7　オヒナガユ（群馬県上野村、上野村教育委員会提供）

　類似の行事は盆《ぼん》にもみられる。盆釜、盆飯などと呼ぶ行事がそれで、川原などに臨時の竈を築いて共同飲食する。香川県小豆島《しょうどしま》町神懸通《かんかけどおり》の別当《べっとう》川で八月一四日に行われる川《かわ》飯《めし》をみると、水害で亡くなった無縁仏が腹をすかせて餓鬼にならないように五目飯を与えて成仏を祈るとされる。早朝から家族で川原に集まって石で竈を作り、牛蒡《ごぼう》や人参《にんじん》、油揚げなどの入った五目飯を炊く。五目飯は柿の葉十二枚に盛りつけて石の上に置いて供え、残りは夏バテしないようにといって家族で食べる。五目飯はその場で食べ切らないといけないとされ、また他家のものを食べてもいけないとされる。

岐阜県美濃《みの》市長瀬でも川原飯《かわらめし》が行われる。八月一四日早朝、家族で板取《いたどり》川の川原に家族で集まり、石で竈を作って山菜などの入った炊き込みご飯を作り、これを柿の葉に乗せて川へ流し、残りは家族で食べて祖先の霊を供養する。

秋になると東北地方では好天の日を選んで家族や親族で野外にでかけ食事をとる習俗がみられる。代表的なのが山形県の芋煮だろう。芋煮は、里芋や肉類を具材に醬油や味噌仕立ての鍋物を調理して皆で食する習俗である。屋外で調理するため、かつては自然石で簡易な竈を作ったり、七輪を持参したが、現在はカセットコンロなどを持参することが多く、半ばイベント化して盛大に行われている。芋煮の起源は詳らかでない。西廻り航路を介しての京都の正月料理との繋がりが指摘されるほか、里芋の収穫祭としての性格を指摘する説（野本　二〇〇五）、東北のような寒冷地では里芋の保存が難しく冬を前に里芋を食べ切るために始まったとする説などもある。

しかし秋に野外で共同飲食するという点に着目すれば、この習俗は東北一帯に広くみられ、福島県会津地方ではキノコの収穫と絡めた起源が語られ、秋田県では具材を里芋に限らず豚汁《とんじる》やキリタンポ鍋からすき焼き、カレーまで身近な食材を用いた鍋物という意味合いが強く、これをナベッコと称した。ナベッコは、ナベッコ遠足と称する学校行事としても盛んで、生徒たちは手分けして食材や鍋などを持参して屋外で調理を楽しむ。類似の習俗は、芋炊きの名で愛媛県にもみられる。春の野遊びが豊作祈願のため神人共食《しんじんきょうしょく》して田の神を迎える意味合いをもったのに対し、秋の「芋煮」は収穫感謝のため神人共食して田の神を送る意味合いがあったとも推測されよう。

3　火をめぐる人と食の関係

火の管理　火は多様な加熱調理法を生み出して日本の食を豊かにするとともに、家を一体的に永続させる源でもあった。加えて火は、扱いを間違えれば物質的な家屋を焼失させるだけでなく、象徴としての家の喪失を招く危険もあった。従って、誰かが厳重に管理する必要があり、それには日常の調理で火を扱う主婦は適任であった。故に彼女は、火の管理者＝家の管理者＝司祭者という象徴的存在でもあった。別火《べつか》が女性に厳重に適用されたのも、こうした面の裏返しともいえるだろう。ただ、こうした女性の立場だけが半ば固定的に継承された結果、「男は外で働き、女は家を守るべき」という観念が生じたのも事実で、女性の社会進出を阻害することにもなった。今日それは少しずつ解消されつつあるが、同時に家の管理者を不在にしつつあることも忘れてはならないだろう。

食事の変化と調理　関連して戦後広がってきた食事スタイルに個食がある。個食は、古くは慎むべき習俗とされ、小鍋立《こなべだ》てと呼ばれた。かつて料理は主婦により分配・盛り付けされ、家族全員揃ったところで食すものであった。小鍋立ては、その嗜好が根強かった故に生まれた禁忌に他ならない。小鍋立てを嗜好させたものは何だったのか。柳田国男《やなぎたくにお》は、温かい飲食物はごちそうであり、若い女性が飲食物の温かさを保つ小鍋に興味を抱いたからという（柳田　一九三二）。先に触れたような簡便な加熱調理用具の普及も、各人がいつでも気軽に、かつ自由に温かい食物を口にできる物理的環境を提供した。

戦後これに、家族一人一人の生活空間と時間がバラバラになったことが連動した結果、小鍋立てという禁忌から解放された個食が新たに生まれた。このことは、一見便利になったようにもみえるが、生活の中で家族を結び付け、家を意識させてきた食の喪失でもあり、同時に家の管理者を不要とするものでもあった。

火を手に入れることで始まった火をめぐる人と食の関係は、私たちの生活を大きく規定してきた。そして食から火が消え、その永続を象徴的に共有した家も大きく変容しつつある今日、この関係は根本的に変わりつつある。私たちはこの関係が今後どう推移するかしっかり見つめながら、この関係が将来どうあるべきかを真剣に考えていかなければならないだろう。

参考文献

有賀喜左衛門　一九四八年「イロリと住居」『村落生活』国立書院（のち一九六八年『有賀喜左衛門著作集　第五巻』未来社）
飯島吉晴　一九八六年『竈神と厠神―異界と此の世の境―』人文書院
石毛直道　一九八五年「民衆の食事」網野善彦他編『日本民俗文化大系　第一〇巻』小学館
大島暁雄　一九九五年「昭和初期における米の炊飯法と用具―時局との関わりから―」田中宣一・松崎憲三編『食の昭和文化史』おうふう
狩野敏次　二〇〇四年『ものと人間の文化史　かまど』法政大学出版局
小泉和子　一九九八年『昭和台所なつかし図鑑』平凡社
郷田洋文　一九五五年「竈神考」『日本民俗学』二巻四号
郷田洋文　一九五八年「いろりと火」『日本民俗学大系第六巻　生活と民俗1』平凡社
佐原　真　一九九六年『食の考古学』東京大学出版会
瀬川清子　一九五六年『食生活の歴史』講談社（のち一九六八年、講談社）
野本寛一　二〇〇五年『栃と餅―食の民俗構造を探る―』岩波書店
福田育弘　二〇〇五年「構造としての飲食　魯文の『安愚楽鍋』から鷗外の『牛鍋』へ」『早稲田大学教育学部学術研究』五三号
宮本常一　一九七九年「塩の道」山田宗睦他『道の文化』講談社（のち一九八五年『塩の道』講談社学術文庫）
柳田国男　一九三一年『明治大正史　第四巻世相篇』朝日新聞社（のち一九九〇年『定本柳田国男集

第二四巻』筑摩書房）
一九四四年『火の昔』実業之日本社（のち一九八二年『定本柳田国男集　第二一巻』筑摩書房）

料理人

竹内由紀子

1　「料理」・「料理人」とは

「料理人」とは文字通り「料理をする人。料理をすることを業とする人」（『日本国語大辞典』）である。そして、「料理」とは「食物として口に合うように材料を整え加工すること」（同）である。

今日的には、日常の食事でも、祭りや冠婚葬祭のような特別な機会の食事でも「料理」といっている。しかし、「料理」という言葉で示される対象は時代によって少しずつ変化していく。これを捉えるために、ここでは、食材を加工する工程を「調理」と記述して、料理人や料理の実態を見ていきたい。

ちなみに「料理」の語は中国由来で、本草書《ほんぞうしょ》で薬を調合する際の「料」（計量する）、「理」（正確に切り分ける）から来ている（杉田編　一九九九、奥村　二〇一六）。

料理人の担う「専門性」には、時代や地域によって多様な展開が見られる。ここでは、単に専業料理人として調理の腕で生計を立てていた者だけを扱うのではなく、近世・近代に見られた村の中の「素人料理人」も含め、日本の食文化において「料理人」とはどのような存在であったのかを探っていきたい。

2　古代・中世の料理と担い手

古代官僚制における「膳部」　社会の階層化・分業化の進展の中で、調理を専門に担当する者が現れた。古代律令制下において、調理に関して専門的な役割を持った者の存在が確認できる。大宝律令《たいほうりつりょう》（七〇一年〈大宝元〉）では宮内省の一職《しき》四寮十三司のうち、大膳職《だいぜんしき》と内膳司《ないぜんし》が調理に関係している。大膳職は、諸国から貢納された食物を管理し、塩葅《にらぎ》・醬豉《ひしおくき》・未醬《みそ》・肴果《こうか》・雑餅《ぞうべい》・食料を供進することをつかさどった。ここには種々の食物をつくる膳部《かしわで》が一六〇人属していた。内膳司は、奉膳《ぶぜん》二名を長として御膳の試食を行い、典膳《てんぜん》六人が供御《くご》の膳をつくって味や寒温の調整をし、それらの下にいる膳部四〇人が食物をつくった（渡辺　一九六四）。大膳職は朝廷行事の饗膳《きょうぜん》を担当し、内膳司は天皇の食事をつかさどった（原田　二〇〇五）。専門の調理担当者は、儀式の食事と権力者の食事のために必要だった。
こうした職掌は特定の氏族が担当しており、料理人集団である膳部は膳臣《かしわでのおみ》によって統括されていた。八世紀、膳臣には高橋氏と安曇《あづみ》氏が任じられており、両者が対立したことから、高橋氏は自己の優位性を主張する文書「高橋氏文《たかはしのうじぶみ》」（七八九年〈延暦八〉に上申した家記に七九二年の太政官符《だじょうかんぷ》を加えたもの）を残している。「高橋氏文」において高橋氏は、自らは『日本書紀』に登場する磐鹿六雁命《いわかむつかりのみこと》を祖先とし、古くから天皇の食膳を担当してきたと主張している。一方、安曇氏は海神《わたつみ》を始祖とし、海人《あま》を統括する伴造《とものみやつこ》であった（原田　二〇〇五）。

ちなみに、磐鹿六雁命は、『日本書紀』景行《けいこう》天皇五三年一〇月条に、天皇が東国巡幸した際に得た白蛤《うむぎ》を膾《なます》として献上し、その功績により膳大伴部《かしわでのおおともべ》を賜ったとある。磐鹿六雁命は、宮内庁大膳職の祭神とされ、また高家《たかべ》神社（千葉県南房総市）や高椅《たかはし》神社（栃木県小山《おやま》市）、高橋神社（奈良県奈良市）で「料理人の祖神」として崇敬を集めている。

当時の調理の内容について見れば、『日本書紀』、「高橋氏文」の記述から、八～九世紀までには膾・煮物・焼物が確認できる。また、平安時代に宮中や大臣家で行われた最高級の宴会である「大《だい》饗《きょう》」での調理を見ても、魚鳥を材料とした膾・鮨《すし》、生物《なまもの》、削物《けずりもの》（干物《からもの》）などを手元に据えられた四《し》種《しゅ》器《き》（卓上調味料、塩・酢・酒・醤《ひしお》）で各自が好きなように味付けして食べたように、調理法は複雑ではなかった（原田　二〇〇五）。

古代において、料理人に該当する調理担当者の名称には膳臣・膳部のように「膳」という語が宛てられている。当時はまだ調理法が複雑になっていなかったことから、専門料理人の仕事も、食材をいかに調理するかということよりも、儀式にかなうように膳を整えることに主眼が置かれていたということだろう。

切ることを見せる「庖丁」と庖丁流派の発生　古代官僚制の中の膳部をはじめとする役職として調理を担う者たちとは別に、平安時代末ごろから高い身分の貴族のなかに「庖丁《ほうちょう》」を得意とする者たちがいた記録が散見されるようになる。

たとえば『今昔物語集《こんじゃくものがたりしゅう》』には、保延年間（一一三五―四一）ごろに藤原家成《ふじわらのいえなり》という貴族が崇徳《すとく》天皇の強い勧めで鯉《こい》料理を披露した際、あまりにあざやかで見事な庖丁さばきに一同が見入ったという話が収められている。『古事談《こじだん》』では藤原家長《いえなが》が、『台記《たいき》』では源行方《みなもとのゆきかた》が、庖丁が得意であったため客の前で料理をしてもてなしたと記されている（原田　二〇一〇）。鎌倉時代末期の『徒然草』にも、権中納言基家《ごんちゅうなごんもといえ》の子の藤原基氏《もとうじ》が一〇〇日間、鯉料理の練習をしたとの記載がある（渡辺　一九六四）。

このように客の面前で庖丁さばきを見せることは、客に対する接待のひとつであった。貴族が自宅に大勢の客を招いた際に、時に庭に布張りテントの幄舎《あくしゃ》を建て、その下に俎《まないた》を置いて、酒の酣《かん》も客の見ている前で行い、時には主人自ら俎の前に座って料理をつくって振舞った。高位の者が調理をしてみせることがもてなしであるという文化は、『古今著聞集《ここんちょもんじゅう》』に鯉や蜜柑《みかん》などについても切り方、食べ方に故実《こじつ》に基づいた細かい作法が記されているように（渡辺　一九六四）、それについての知識・技術を所持していることが高位の者のあるべき姿として賞賛の対象となっていたことのあらわれである。

こうした庖丁さばき、その他調理の作法が衆目を集めるなかで、室町期に複数の料理流派が成立することとなる。複雑化した飲食作法が秘事口伝として伝えられ、その一部が『世俗立要集《せぞくりつようしゅう》』『厨事類記《ちゅうじるいき》』など、料理書として著された（原田　二〇一〇）。

なかでも四条流《しじょうりゅう》は他の流派に先行して成立したと考えられ、宮廷および公家社会で広く受容された。四条流は、宮中の膳臣高橋氏とは別に光孝《こうこう》天皇の命で料理の新式を定めたとされる藤原山蔭《やまかげ》を祖とすると伝えられているが確実な史料はなく、いつごろに四条流の体系が整えられたかは不明である（原田　二〇一〇）。しかし、少なくとも一〇世紀には、のちに流派を生むような庖丁作法の約束ごとが生まれてきていたことが認められる（熊倉　二〇〇七）。四条流の伝書である『四条流庖丁書』は、庖丁流派の料理書としては最も古く、一五世紀後半の成立と考えられている。以降に著された料理書に比べ、調理法や食事作法以外にも、俎や庖丁の名称などに関する細かな解説が多く、料理の権威づけが行われている（原田　二〇一〇）。

この四条流が公家の料理流派であるのに対し、武家の儀式料理である「本膳料理《ほんぜん》」を担当する料理流派が室町期に生まれた。大草《おおくさ》流、進士《しんし》流、生間《いかま》流などがこれである。大草流は『大草殿より相伝之《そうでんの》聞書《ききがき》』において、魚鳥の扱い方、食事の進め方、飲食の作法などを詳細に記している。また、属する

図1　魚鳥を調理する料理人（三時知恩寺所蔵『酒飯論絵巻』より）

流派は不明だが、当時の料理書に『山内料理書』『庖丁聞書』などが残っている。室町期には複数の料理流派がそれぞれ秘伝を保持していた。また、本膳料理の食事作法として、小笠原《おがさわら》流の『食物服用之巻』が記されている。このような動きは、鎌倉期以降、政治力を失っていった公家が有職故実に精力を傾け、これを室町期の武家が真似ようとしたことのあらわれである（原田　二〇一〇）。

桃山時代に来日したロドリゲスの『日本教会史』には、武士の学芸には「芸」と「能」の二種があり、書道や音曲・相撲などの「芸」はそれで身を立てて職業となるものなのであまり上品とはいえないが、武家・貴族の間で「能」はそれ自体が名誉とされ重んじられると記されている。能の中で第一に評価されるものは弓法、第二に蹴鞠《けまり》、そして第三が庖丁で、「食物を切り分けることで、彼らの間では上品で常用の仕事である」としている（熊倉　二〇〇七）。

精進料理の「調菜」　複雑に調理をすることがあまりなかっ

た時代が終わり、中世になると煮る料理が増えて調味料の使用も発達する。中世における調理の発達を推進したのは、精進《しょうじん》料理の力による（別冊太陽　一九七六）。

仏教寺院では獣肉・魚鳥を使用しない「さうじもの」（精進物）が調理されていたが、鎌倉時代になると中国南宋《なんそう》で禅宗《ぜんしゅう》を学んだ栄西《えいさい》・道元《どうげん》が帰国し、中国の発達した精進料理の調理法や喫茶《きっさ》の文化を持ち帰った。当時の精進料理の例を南北朝末〜室町前期成立の『庭訓往来《ていきんおうらい》』から見れば、煮染牛蒡《にしめのごぼう》・荒布煮《あらめに》・黒煮《くろに》蕗《ふき》・酒煎松茸《さかいりのまつたけ》・豆腐羹《とうふかん》・鼈羹《べつかん》・砂糖羊羹《さとうようかん》・饂飩《うどん》・饅頭《まんとう》・索麺《そうめん》・碁子麺《きしめん》・煎餅《せんべい》など多岐に渡り、高い技術を必要とするものであった。

禅宗の寺院内では、調理を担当する者には「典座《てんぞ》」という職制があるのだが、より一般的に精進料理を調理する者を「調菜《ちょうさい》」「調菜人」といった（原田　二〇〇五）。『倭名類聚抄《わみょうるいじゅしょう》』では、魚鳥を料理する者が「庖丁」であり、精進料理に携わる者を「調菜」として区別している。両者の料理の観念、体系が違っていたことを示している（原田　二〇一〇）。穀類を中心とした調理を行う調菜の語は既に鎌倉中期の辞書『名語記《みょうごき》』に見え、調理を担当しつつも庖丁人とは異なる存在として意識されている（原田　二〇一〇）。

一五〇〇年（明応九）作とされる『七十一番職人歌合《しちじゅういちばんしょくにんうたあわせ》』や一六世紀中ごろの『酒飯論絵巻《しゅはんろんえまき》』では、僧形《そうぎょう》の調菜が庖丁と対をなす存在として同等に描かれており、すでに室町期においては、精進料理が魚鳥の本膳料理に対置されるような重要な位置を占めていたことがわかる（原田　二〇一〇）。

図2　庖丁師と調菜（『七十一番職人歌合』より）

『生間流式法秘書』では「庖丁人」と「料理人」は異なるとし、庖丁人が庖丁式、礼法、庖厨《ほうちゅう》の規矩《きく》、塩梅《あんばい》をつかさどり、料理人は庖丁人に隷属する存在であると述べている（中沢　一九八一）。また『日葡《にっぽ》辞書《じしょ》』には、「料理」「庖丁」「調菜」が収載されており、「料理」は食物を整えて味をつけること、「庖丁」は大小の刃物で巧みに切ったり刻んだりすること、「調菜」は食物をつくったり調味したりすることと説明がなされている。江戸初期の方言研究書である安原貞室《やすはらていしつ》の『かたこと』には、精進物を調理するのが「調菜」で、「料理」とは魚鳥にのみ使う言葉と記されている（原田　二〇〇五）。

精進料理とともに禅宗文化として伝わった喫茶の文化は、鎌倉時代末期には寺院外でも広く受容され、茶を契機として人々が会合する「茶会」が成立した。やがて村田《むらた》珠光《じゅこう》・武野紹鷗《たけのじょうおう》・千利休によってわび茶が整えられるのに伴い、一汁三菜《いちじゅうさんさい》程度の簡素な「懐石《かいせき》料理」が整えられた。当時は懐石の語は存在せず、一般的には「会席」と呼ばれていたが、近世後期に宴会料理である「会席料理」が登場し、区別する必要から「懐石」の字を当てるようになった（原田　二〇〇五、熊倉　二〇〇二）。このように茶の湯が発展することで、限られた条件の下で最大限に客に対してのもてなしを行う、楽しみのための料理が提供される基盤ができた。

3　近世の料理文化と料理人

近世都市における外食文化の発達　ちなみに千利休のもとには、一通・西道・妙をんという料理人がいたと記録にある。武将はもちろん、中級以上の家では調理を行う者を置いていたと考えられるが、あまり資料はない（熊倉　二〇〇二）。江戸幕府、各藩において雇用されていた者たちに関する資料も多くはないが、職制としては、御賄頭《おまかないがしら》・御台所頭《みだいどころがしら》・御《ご》膳番《ぜんばん》・御《ご》膳付《ぜんつき》といった役職の者たちがいた。御賄頭は食材などについてのいっさいを取り仕切る。御台所頭が料理人の長であり、厨房のいっさいを支配した。御膳番・御膳付は、主君の御膳を取り扱う者で、毒見も御膳番が行った。御賄頭・御台所頭・御膳番・御膳付には、宮中料理人である高橋家庖丁門人に連なる者が多く召し抱えられていた（中沢　一九八一）。

古代以来、調理を業とする者は、権力者・富裕者によって召し抱えられ、これらの人々のために調理を行う者であったが、近世期になると不特定多数の客を対象とした商売として外食が成立するようになる。

近世初頭、京都の市内（洛中《らくちゅう》）と市外（洛外《らくがい》）の様子が描かれている『洛中洛外図屏風《びょうぶ》』には、その場で買って立ち食いしたり軒先に腰掛けたりして利用する、気軽な煮売《にうり》や飯屋の様子が描かれている。京都において立ち食いではない茶屋・料理屋が出現するのは、寛文・延宝（一六六一—八一）から元禄期（一六八八—一七〇四）にかけてである。京都では、田楽豆腐《でんがくどうふ》を出す茶屋が軽食を供し、同時期には東山の時宗《じしゅう》寺院が席貸料理屋を営んでいたという。この後、元禄期には阿弥《あみ》号を付した時宗寺院が料理茶屋的な営業を行うようになった（原田　一九八九）。当時は大勢を収容できる座敷を持つ施設は寺院ぐらいしかなく、寺で唯一ナマグサモノ（魚介類）を出すことが許された時宗の寺院が料理茶屋に変化した（熊倉　二〇〇二）。

一方江戸では、元禄近くなって、浅草金竜門前で奈良《なら》茶飯《ちゃめし》を出す店が現れた。その後は、一六八七年（貞享四）刊の『江戸鹿子《えどかのこ》』によれば、品川・目黒・堺町・浅草駒形《こまがた》などにも奈良茶を出す茶屋ができた。軽食的な茶屋からはじまった江戸の外食店が、本格的な料理屋に成長するのは宝暦から天明期（一七五一—八九）である。もっとも著名な料理茶屋「八百善《やおぜん》」は、元は八百屋であって、享保年間（一七一六—三六）に寺院への仕出しからスタートさせている。八百善や洲崎《すさき》にあった「升屋《ますや》」などは、大名や各藩の江戸留守居役《るすいやく》などが利用し、留守居茶屋などとも呼ばれた。天明期になると、料理屋の番付や評判記が複数残されている。このころには料理の世界にも「通《つう》」や「粋《いき》」の観念が浸透しており、江戸の「食通」意識が料理屋を支えていた（原田　二〇〇三）。

料理人は江戸時代になると「板前」と呼ばれるようになった。俎板場《まないたば》、板場から板となり、板の前にいることから板前、関西では板元と称された（中沢　一九八一）。

料理文化の情報化　原田信男は近世期における料理文化の浸透について当時の知識社会の状況に着目している。兵農分離することによって村役人層が文書の作成・管理に携わり、これにより全国各地の村々、町々に膨大な識字層が生まれた。こうした社会状況のもと、中世までは秘伝口伝で伝えられてきた調理に関する技術・作法の知識が、近世においては出版文化や文字情報によって、より広く流通することとなった（原田　二〇〇五）。

原田は、近世期に料理に関する書物の性格が転換することを指摘している。中世以来、近世初・中期の料理書は、実用に供することを目的としている。ほとんどが五巻から八巻に及び、料理に関して体系性を持って論じられている。このような書物の著者・読者は専門の料理人だった。一方、享保（一七一六―三六）を過ぎるころから、読んで楽しむ性格の料理本が出版されるようになり、料理本が読本《よみほん》・洒落本《しゃれぼん》同様に庶民に親しまれるものになった（原田　一九八九）。

一九世紀に入ると出版される料理本の数も急増し、これらは一般読者が想定されていた。たとえば、一八〇三年（享和三）―二〇年（文政三）刊の『素人庖丁《しろうとぼうちょう》』の自序では「今ここにあらはす料理の書は式正《しきしょう》の献立にはあらず、此書は百姓家、町家の素人に通じ、日用手料理の便りともなるべきか」と明確な出版目的が述べられている。このように料理本という情報化の後ろ盾を得つつ発展した外食文化は、化政期には、江戸のみならず近郊の街道沿いにも料理屋が出現するまでになった（原田 一九八九）。

地方への料理文化の浸透 都市部では料理本・料理屋が牽引して食を楽しむ文化が展開した。こうした文化は地方農村部へも浸透していった。地方旧家には料理本の写本が料理控帳として数多く残されている。たとえば、武蔵《むさし》国足立《あだち》郡中釘《なかくぎ》村（現さいたま市）石川家には一八二八年（文政一一）写の『料理仕方』、下総《しもうさ》国葛飾《かつしか》郡元栗橋《もとくりはし》村（現茨城県猿島《さしま》郡）松本家には一八三四年（天保五）付の『料理方伝書』がある。このように名主《なぬし》などの村役人、また小都市の豪商層も調理法などを書き留めている。これらの料理控帳は中央の引き写しにとどまらず、地方文化の反映も見ることができる。元栗橋村松本家では利根《とね》川中流地帯であることを反映して淡水魚を利用した料理が記載されており、下総古河《こが》（現茨城県古河市）の豪商丸山家の控帳にも「すみつかり」など地方料理について書き記されている（原田 一九八九）。

地方への料理文化の波及は、料理本を介してのみではなかったと考えられている。利根川上流の山村である上野《こうずけ》国利根郡藤原村（現群馬県みなかみ町）の佐藤近衛家には、一八五〇年（嘉永三）に錦雲一峯という人物から与えられた料理に関する巻物がある。原田は、こうした巻物を携えて地方をまわり、中央で行われている料理や儀礼を伝えて歩く商売人がいたと推測している（原田 一九八九）。

福島県奥会津《おくあいづ》郡只見《ただみ》町にはさまざまな職人技術・儀礼についての巻物が残っている。大工・屋根《やね》葺《ふき》・番匠《ばんしょう》・狩猟・伯楽《はくらく》（馬医）・産婆など多岐に渡った巻物が存在しており、その中に小笠原《おがさわら》流礼法の巻物も多く残されている。只見町では小笠原流を学んで巻物を伝授された人をユルシトリといって、ユルシトリから弟子へとその知識が伝授され巻物が与えられてきた。近世後期から昭和三〇年代まで只見町の祝儀不祝儀《しゅうぎぶしゅうぎ》はユルシトリの人々によって取り仕切られてきた。現存する巻物の多くは一九世紀のもので、只見町と小笠原流の関わりは、総領家といわれる小笠原長時《ながとき》・貞慶《さだよし》の系譜を引くとされ（長時は会津で没し、会津若松市の大竜寺に葬られている）、その弟子である小池甚之丞《こいけじんのじょう》の伝授を受けた者が会津一円に普及させたと目されている。その内容の中には、鯉《こい》や雉《きじ》・鴨《かも》の料理を図示した「庖丁の次第」や、料理献立の規範が示された「料理献立」なども含まれていた（増田　二〇〇六）。

また、近世後期に起こった大衆的な旅行ブームも、地方への料理の知識の波及に大きな影響があった。化政期以降になると、旅日記に道中の献立が詳細に記されることが多くなっている。伊勢参《いせまい》りの場合などでは、村人を迎える御師《おし》側が献立帳を用意し、参宮の土産として持ち帰られた（原田　一九八九）。

このような地方への料理文化の浸透は、中央から文化が流れたというだけではなく、地方村落側にも取り込む必要があった。中央から来る役人を村落側がもてなす接待、村落外の者も招かれる冠婚葬祭など、地方でも中央と同じように料理をそろえ、宴会を挙行したいという志向のあらわれであった

（竹内　一九九八）。

素人料理人　宴会を挙行しようとする際に、近隣に利用できる料理屋・仕出屋《しだしや》・旅館などがない、専業の料理人が不在の村落部においては、宴席の料理を担ったのは、魚屋や素人の料理人であった。魚屋が料理を担当するのは、宴席における主要な食材である魚を商う魚屋がその魚の調理をも商うという形であるが、刺身、焼き魚といった魚料理の知識・技術のみならず、口取りをはじめ本膳《ほんぜん》料理すべてや、宴席の食器である膳椀類、庖丁・鍋・釜などの調理器具の貸し出し、また宴席を装飾する蓬《ほう》萊山《らいさん》の作成や、式の作法やその順序などを熟知しており、宴席の構成すべてを担うという例もあった（竹内　一九九八）。

また、素人の料理人というのは、普段は他の村人同様に農作業などに従事し、地域内で宴席の予定があると依頼されて料理を担った人々をいう（以下「素人料理人」と称する）。結婚式場の利用が全国化する一九六〇年（昭和三五）ごろまで、素人料理人が活躍していたことは全国で広く確認できる。民《みん》俗語彙《ぞくごい》としては料理人・料理番と呼んだ地域が多いが、千葉県・神奈川県でバンコ（番子）、宮城県・秋田県でメンバン、福島県でイタノマサマ（板の間様）、広島県でイタバサン、高知県で料理方、長崎県で膳部人《ぜんぶにん》などの呼称がある（竹内　一九九八）。このような素人料理人は、武蔵国多摩《たま》郡熊川《くまがわ》村（現東京都福生《ふっさ》市）名主石川家『日記』の一七八五年（天明五）の重陽《ちょうよう》の節供《せっく》、同多摩郡伊奈《いな》村（現東京都あきる野市）兵左衛門家の『安政二年歳中日記帳』（一八五五年）にも節振舞《せちぶるま》い・元服《げんぷく》・紐解《ひもとき》祝いなど、江戸後期の地方文書で多数その存在が確認できる（原田　一九八九）。

料理人のジェンダー　古代以来、権力者が抱える料理人、あるいは都市部で料理屋を営むような専業の料理人は、ほぼ例外なく男性たちであった。一方、村落社会において宴会を担った素人料理人というと、日常的に調理にあたっていた女性たちがこの任に着いたのではないかと想像されるかもしれない。しかし、近世後期から存在が確認できる素人料理人は、やはりほとんどが男性であった（竹内　二〇〇九）。

素人料理人の実際については、各地の民俗調査報告書などから部分的に抽出できる。また筆者は、素人料理人であった人やその家族、隣人、宴会に出席した人などに聞き取りし、素人料理人の調査をしてきた。聞き取りで確認できる一九五〇年（昭和二五）ごろの状況ではあるが、当人の人となり、料理人になった経緯、料理人としての評価など、素人料理人の存在を当該地域の文化・社会の文脈の上で検討できる貴重な資料を得た（竹内　二〇〇〇・二〇〇九）。そこから、素人料理人でさえなぜ男性であるのかというジェンダーの問題に言及してみたい。

日常の調理と宴会の調理は、調理ということでは同じではないかと思われるかもしれない。しかし、日常の食事と宴会で用意される食事とは内容が異なる。農山漁村においては、女性も家業に従事するので、日常の食事については手間をかけることができない。飯・味噌汁《みそしる》・漬物《つけもの》が基本で、これに煮物でも加わる程度であった。一方、宴会の食事は、刺身・焼き魚など鮮魚が主要な食材となり、またその他の献立も日常には扱わない食材・調理法がほとんどであった。用意すべき食事の量は数十人分におよび、日常調理の応用では対応できない。また、普段は使わない本膳形式の膳椀類を用いるので、どの椀に何を盛るかなどの知識も必要である。料理を出す順番や式次第についても熟知していないと宴会準備はできない。

こうした宴会に関連した知識は、客として宴席へ出席した経験、都市部の料理屋の経験など、男性でないとアクセスする機会がないものばかりである。筆者の調査では、地元の人々による素人料理人についての評価に関して、料理の腕だけでなく字の上手さが挙げられていた。献立書などを毛筆で「立派に書く」ことが料理人に必要とされていた。

素人料理人が一般的に男性であったのは、宴会の料理内容や宴会の作法などの知識・経験を得る機会が男性に優位に開かれているということに加えて、料理人が宴会準備における共同作業を差配するリーダーシップを必要としていたからだといえる。村落社会においては、祭礼や道普請《みちぶしん》（道路整備）などの共同労働と同様に、冠婚葬祭の宴会も近隣・親戚の老若男女による共同作業によって準備される。当時の女性たちには、そのようなリーダーシップを取るための経験も権威も与えられていなかった。また、高価な食材を使って調理を失敗しないことや、宴席を主催する家にとって他家との紐帯を新たにしたり強化したりする機会である宴席の成功を収めることは、経済的・社会的責任がともなう。この重責を担うことができるのは、女性より男性がふさわしいとされ、素人料理人として男性たちが活躍してきたといえる（竹内　二〇〇〇・二〇〇九）。

4　家庭の料理と調理師の料理

「家庭料理」の誕生　料理茶屋《りょうりぢゃや》をはじめとする外食店が発達し、天保ごろには店の求めに応じて料理人を紹介する「部屋」が発生した（中沢　一九八二）。幕藩体制の崩壊によって幕府や藩に召し抱えられていた専業料理人たちは失業したが、部屋がこうした料理人たちの受け皿となった。明治になると、欧米文化を受容するために肉食や西洋料理の導入が図られた。これらは家庭内には存在しない料理体系であることから、当初は外食を介して接することとなった。

家庭内の食事については、当然女性たちが責任を持ってきたと思われるかもしれないが、『官府御《かんぷご》沙汰略記《さたりやつき》』『石城日記《せきじようにつき》』『万延元年江戸江発足日記帳』などの近世の史料から、武家の男性が日常の食事や調理に関わっている実態が確認できる。また、近世期には家事指南書が多数刊行されているが、これらは必ずしも女性向けに書かれたものではなかった。貝原益軒《かいばらえきけん》が著した一七〇五年（宝永二）刊の『万宝鄙事記《ばんぽうひじき》』においては、「衣服門」は女性向けに書かれているが、食事をはじめ、そのほかの家事については一家の主人である男性向けに書かれている。女性用の教訓書である『女重宝記《おんなちようほうき》』には、算盤《そろばん》や三味線《しやみせん》、博打《ばくち》などと同様、料理の仕方は女性が身に着けずとも良い芸として挙げられている（竹内　二〇〇九）。

これが明治になると、女子の学校教育の中で調理技術が伝授されるようになる。一八七四年（明治七）には、東京女子師範学校（現お茶の水女子大学）が開校し、以後、全国に女子師範学校が開設された。こうしたなか石川県第一師範学校で一八八〇年に『くりやのこころえ』が刊行される。近世の料理本から引き継がれた内容のみならず、牛乳・バターなどの新しい食品についての知識も盛り込まれている。また、一九〇〇年代以降になると割烹実習が行われるようになった。しかし、実際の家庭生活からはかけ離れた内容が多かったため、「役に立たない」との批判もあった（江原他　二〇〇九）。

日清・日露戦争から第一次世界大戦にかけての時期は、都市部で官公吏、教員、会社員などのサラリーマンと専業主婦の妻から成る家庭が発生した。このような時代にあって、日常の食事は主婦が担うべき重要な家事のひとつとみなされるようになった。これと呼応して、一九〇五年以降、家庭向け料理書の刊行が大きく伸びた（江原他　二〇〇九）。

近代になって「家庭料理」という新たな領域が生まれ、サラリーマンの妻たちは日々の家庭料理を差配すべき料理人となった。第二次世界大戦後に日本の社会の産業構造が変わり、大量のサラリーマン家庭が発生すると、書物・雑誌・新聞・ラジオ・テレビ・ネットとさまざまな媒体から、主婦たちに向けた調理・献立の情報が提供されるようになった。

料理人から調理師へ　第二次世界大戦中に外食店は営業停止を余儀なくされたが、終戦後には招集されていた職業料理人たちも帰国し、戦後復興の中で外食店が増えていった。こうした料理人たちの間で専門的な知識・技術に対して社会的認知を求める声が上がった。また、日本料理では板前、中国・西洋料理ではコックや「司厨士《しちゆうし》」、軍隊・工場・病院などでの団体炊事では「炊夫《すいふ》」と呼ばれていた名称の統一を望む声も上がっていた。一九五〇年（昭和二五）京都府・兵庫県が調理師（調理士）に関する条例を定めたのを皮切りに、制度を設ける都道府県が増えていったが、資格条件、呼称などが統一されていなかった。全国の調理を職業とする者たちが一九五六年に日本調理師連盟を設立して法制度化を求める運動を起こした。これにより、一九五八年調理師法が成立・施行となった。これにより料理人たちは、国家資格である調理師として統一されることとなった（ただし調理師は名称独占資格〈有資格者以外はその名称を名乗れない〉なので、調理師資格を持たなくても調理業務に従事することは可能である。有資格者以外を「調理士」と表記する場合もある）。

高度経済成長期を経て、一九七〇年には「外食元年」といわれ、ファストフード店、ファミリーレストランが登場し、チェーン展開する産業としての外食の時代がはじまった。外食チェーンでは、接客、調理作業などがマニュアル化され、調理師資格を持たないアルバイトでの操業も可能になった。一九八〇年代半ばごろから外食に対して「中食《なかしよく》」という言葉が生まれ、バブル崩壊で拡大が停止した外食産業に代わり現在も成長を続けている。コンビニの総菜や宅配弁当などは、高齢社会や独居世帯の増加などといった現代社会の状況に適合し、調理を業とする多くの人々の雇用の場となっている。

参考文献

江原絢子・石川尚子・東四柳祥子　二〇〇九年『日本食物史』吉川弘文館
奥村彪生　二〇一六年『日本料理とは何か—和食文化の源流と展開—』農山漁村文化協会
熊倉功夫　二〇〇二年『日本料理文化史—懐石を中心に—』人文書院
　二〇〇七年『日本料理の歴史』歴史文化ライブラリー、吉川弘文館
新谷尚紀・関沢まゆみ編　二〇一三年『民俗小事典　食』吉川弘文館
杉田浩一編　一九九九年『講座食の文化第三巻　調理とたべもの』味の素食の文化センター
高田公理編　二〇〇四年『食の文化フォーラム22　料理屋のコスモロジー』ドメス出版
竹内由紀子　一九九八年「饗宴の食文化再考—神奈川県の事例から—」『民俗学論叢』一三号
　二〇〇〇年「近代村落社会における調理担当者」竹井恵美子編『食の文化フォーラム18　食とジェンダー』ドメス出版
　二〇〇九年「調理とジェンダー」原田信男他『食文化から社会がわかる！』青弓社
中沢　正　一九七七年『日本料理史考』柴田書店
　一九八一年『庖丁人の生活』雄山閣
西村慎太郎　二〇一二年『宮中のシェフ、鶴をさばく』歴史文化ライブラリー、吉川弘文館
原田信男　一九八九年『江戸の料理史—料理本と料理文化—』中公新書
　二〇〇三年『江戸の食生活』岩波書店（のち二〇〇九年、岩波現代文庫）
　二〇〇五年『和食と日本文化—日本料理の社会史—』小学館
　二〇一〇年『日本人はなにを食べてきたか』角川書店

別冊太陽　一九七六年『別冊太陽日本のこころ14　料理』平凡社
増田昭子　二〇〇六年「只見町の小笠原流礼法巻物と儀礼文化の展開」神奈川大学日本常民文化研究所編『神奈川大学日本常民文化研究所調査報告第二〇巻　奥会津地方の職人巻物―書承と口承の交錯―』
森枝卓士編　二〇一三年『食の文化フォーラム31　料理すること―その変容と社会性―』ドメス出版
渡辺　実　一九六四年『日本食生活史』吉川弘文館（のち二〇〇七年、歴史文化セレクション、吉川弘文館）

ファーストフードとスローフード

関沢まゆみ

1　ファーストフードの二つの意味

日本に展開しているファーストフードといえば、マクドナルドに代表されるアメリカ資本のハンバーガーショップや、同じくアメリカ資本のケンタッキーフライドチキンほか、多くのフランチャイズ店が思い浮かぶ。その一方、歴史的にみれば一八世紀後半の天明年間（一七八一—八九）から江戸の町で多くみられるようになった屋台売りも「江戸のファーストフード」といわれ、串に刺した天ぷら、鮨《すし》、蕎麦《そば》、鰻《うなぎ》、串焼き、おでんなどが代表例で、ファーストフードのさきがけとされている（大久保　一九九八、原田信男　二〇〇三）。ファーストフードとは、英語の fast-food からきており、そのファストとは「速い」という意味である。英語のファースト first は「第一の」という意味で速いという意味はない。しかし、日本語ではファストフードもファーストフードも同じ意味で用いられており、ここではすでに一般に流通しているファーストフードという表現を用いることにする。

近年のマクドナルドと、江戸時代の屋台売りとでは、展開した時代とメニューは異なるものの、注文してから客が食するまでの時間の速さと、手軽な「買い食い」という点などが共通している。しかし、これまでこの両者に注目した主たる研究分野は異なっていた。江戸のファーストフードについては、対象となる時代が江戸時代に限定されているため、この時代の食に関心のある歴史学の研究者による研究がすすめられてきた。マクドナルドについては、単にハンバーガーの歴史にとどまらず、工業化していく社会とその時代に合うかたちで新しく開発された合理的な経営方式や、アメリカナイズ、グローバリゼーションなどの文脈での経営学や社会学などの研究がみられる。

ここでは、第一に、日本の伝統的なファーストフードということで、江戸のファーストフードが生まれた背景とその献立、さらにその伝統がどのように現在まで継承されてきているかについてみてみる。第二に、二〇世紀に生まれたアメリカ発の新しいファーストフードの成立とその日本での受容についてみてみる。そして、第三に、ファーストフードへの反発として一九八〇年代にイタリアから起こったスローフード運動についてふれる。ここで注意したいのは、ファーストフードとは、対象となる具体的な食べ物をさすのに対し、スローフードとは、地域ごとの伝統的な食材と食事を見直そうという「運動」（Slow movement）として二〇世紀の終わり頃から起こったものだという点である。それは、より広い概念のスローライフ運動の一部とされている。

このように、ファーストとスローという時間の速い、遅いという意味ではないことも重要であり、工業化と脱工業化という対比がされる場合もある。ファーストフードの流通の後に、それに対抗してスローフードという言葉が出てきたのだが、そこには、人びとのライフスタイルの見直しという共通認識があったものといえる。

2 江戸のファーストフード

屋台のファーストフード　城下町形成期の江戸は多くの労働力を要したため、各地から人びとが集まり、江戸中期以降は人口一〇〇万人、しかも単身の男性や住み込み奉公人《ほうこうにん》などが多いのが特徴であった。一七四三年（寛保三）の江戸人別改によれば男性三〇万余人、女性二一万余人で、男性が女性の一・五倍であったという（田村　一九六〇など）。

江戸では、振売《ふりうり》、立売《たちうり》（周辺農村の百姓・商人が荷物を担いで道端で売買を行うもの、八木　二〇〇七など）などの商売が近世を通じてみられ、江戸後期の一八五三年（嘉永六）成立の『守貞謾稿《もりさだまんこう》』に記録されている食物関係の振売を調べた原田信男によれば、幕末に約五〇種類の振売が存在していたという。振売は食材か調味料を売り歩くのが中心であったが、そのなかには鰻《うなぎ》の蒲焼《かばやき》売、蝗《いなご》の蒲焼売、蒸芋売、蕎麦《そば》屋（担ぎ売）、汁粉《しるこ》売、上燗《じょうかん》おでん売、茶飯《ちゃめし》売など、調理をしながら売るスタイルもみられた。このように、江戸市中には食べ物を売り歩く人びとが大勢みられたのであった。そして、加熱調理した食べ物を屋台で売る焼売《やきうり》とか煮売《にうり》と呼ばれる店もでき、さらに屋台が固定化したような小屋掛に、そして見世《みせ》（店）へと展開していき、「時代を経るに従って、大小さまざまな規模の屋台・小屋掛・見世が混在し、これに昔からの振売が町中を売り歩く、というのが、江戸の食べ物商売の実態であった」とされている（原田信男　二〇〇三）。

『徳川禁令考　前集五』三三四二号「食物商ひの儀ニ付年寄江申渡」では、何品によらず食べ物商いをしている者が前々より増加しているため、調べを行う、とあり、同三三四五号「食物商人之儀ニ付町年寄より申渡」には、一八〇四年（文化元）に六一六五軒あった食べ物商人を五年のうちに六〇〇〇軒を目標に減らすことが示されたものの、一八〇六年の芝車町の大火の後は逆に食べ物商人が増加し、これを差し止めると難渋する者が出るとの配慮がなされて、延長の措置がとられた。その後、一八三五年（天保六）に五七五七軒になったと記録されている。

数多く展開していた江戸の食べ物商売のうち、江戸後期には、屋台での、天ぷら、田楽《でんがく》、蒲焼、団子などいずれも串を手で持って食べられるものや、握り鮨《ずし》、大福などの餅菓子類、饅頭《まんじゅう》、水菓子《みずがし》（果物）の切り売りなど手でつまんで食べられるものが人気で、それに汁を合わせた蕎麦やところてんが屋台で食べられるなど、メニューも多様化していった。このような屋台で食べられていたものこそが、江戸のファーストフードであった。大久保洋子『江戸のファーストフード』では、「揚げたり、焼いたり、煮たりしてその場ですぐ食べられる料理を安価で提供し、江戸の庶民のせっかちさにぴったりあった「買い食い商売」が繁盛した」と述べている。また、素材や調味料の流通、普及の面では、素材の入手が容易になったこと、菜種油、ごま油の生産量が増加し、醤油、砂糖などの使用とあいまって食用油の使用が広がっていったことなどが指摘されている。

天ぷら 江戸時代の天ぷらは、魚を串に刺して水でといたうどんこ（小麦粉）をつけて油で揚げるものであった。『守貞謾稿』には、天ぷらの種として、江戸前の穴子《あなご》、芝海老《しばえび》、こはだ、貝の柱、スルメ、これを串に刺して小麦粉と水で揚げると記されている。江戸では野菜を揚げたものは「あげもの」「胡麻《ごま》あげ」と呼ばれていた。また、上方では魚のすり身を饅頭のように成形してから揚げたものが天ぷらと呼ばれ、いまでも東京でいう薩摩《さつま》揚げのような練《ね》り物が天ぷらと呼ばれていた。

歴史博物館所蔵）

図１　東都名所高輪廿六夜待遊興之図（部分、神奈川県立

天ぷらは庶民の「買い食い」の代表例であった。幕末の嘉永年間（一八四八―五四）になると、流行の食べ物屋の番付に天ぷら屋が載るようになり、食べ物屋のなかでの認知度が広まったことがうかがえる。そして幕末には料理屋も高級な魚（カツオなど）の天ぷらを出すようになり、屋台から「お座敷天ぷら」へ、大衆の食べ物から高級食へと短い間に変わっていった。

鮨　また、馴《な》れ鮓《ずし》（魚肉と塩と米を漬け込み自然発酵させたもの）も江戸時代後期に、早鮨（握り鮨）へと大きく姿を変え、庶民の間にファーストフードとして普及していった代表例である。この早鮨の、酢飯に魚を一切れのせて醬油につけて食べるというスタイルは、酢と濃口醬油の普及があってこそできたといえる。

天明（一七八一―八九）の頃往来の屋台店でさまざまな食べ物が売られるようになってから、鮨の立ち食いが盛んになったともいわれ（三田村　一九三八）、文政年間（一八一八―三〇）に握り鮨が考案され、最初は行商や屋台で売られたともいわれている。作ってから生成《なまなれ》でも一週間は漬けておかねばならなかったそれまでの馴れ鮓から、飯や魚に酢をかけた早鮨が作られるようになって、この酢酸による新しい作り方によって鮓がすぐに食べられるようになった。

この握り鮨の考案には花屋与兵衛《はなやよへえ》（一七九九―一八五八）の功績が大きいといわれている。与兵衛も行商から身を起こして、屋台売り、内店へと四代にわたってその店が継承されてきた。その鮨は「御殿ずし」とまで呼ばれたというが、玉子は金のようで、魚は水晶のようと称されたほどの色彩感と、魚の種類によってシャリに干瓢《かんぴょう》やシイタケのみじん切りなどを混ぜるなどが評判となり進物品にまで高められていった。また、一八三〇年（文政一三）に「松が鮨」が、「与兵衛」と並ぶ高級鮨店として営業を始めた（日本風俗史学会編　一九七八など）。松が鮨では美味しさを引き立てるためにワサビを添えたり、飯と魚と海苔《のり》とを渦巻状にした海苔ずしを考案するなどの工夫がなされた。

『守貞謾稿』には、「江戸ハ鮓屋甚ダ多ク、毎町一、二戸、蕎麦屋一、二町ニ一戸アリ」と記されているが、その鮓には、「鶏卵焼、車海老、海老そぼろ、白魚、まぐろさしみ、こはだ、穴子甘煮、海苔巻きなど。値段は八文、玉子巻だけ一六文」と値段も記されている。

このように早鮨・握り鮨が作られるようになった背景には、江戸の中期頃から下総《しもうさ》国の銚子《ちょうし》や野田の醤油が供給されるようになり、また、西廻航路や東廻航路によって江戸に各地の特産物や海産物が集まり、近郷の村々から野菜類が集まってくるなど、上方からの下り物だけに頼らない江戸の食が形成されるようになっていったことがあげられる。商品生産の活発化と江戸地廻り経済圏の形成、そして江戸の市中の治安が比較的維持されていたことなどによって、生活困窮者でも安易に商売ができる振売、屋台、小屋掛、見世が展開し、手軽に安価に早く食べられるファーストフード的な食が、とくに江戸に流入してきた単身の男性たちや住み込みの人びとを中心に需要されていったといえる。

3　アメリカ資本のファーストフード

アメリカのハンバーガーの誕生　現在、私たちがファーストフードといえば、たとえばマクドナルドのハンバーガーをまず思い浮かべる。これは生活者の実感であるが、経営学の庄司真人はそれを「ファストフードは各国で見られるものであるが、現代においては外食産業における大規模な企業によるサービスあるいはビジネスシステムのオファリングの一つとして位置づけることが多い。その代表例がマクドナルドであろう」（庄司　二〇一五）と述べ、マクドナルドを代表とするハンバーガーチェーン店の経営方法は、品質の安定、従業員への教育、大規模なサービス提供システムなど多くの業種に影響を与えていることを指摘している。マクドナルドが、短時間で安価に手軽に食べられるハンバーガーを提供するファーストフード店という位置づけにとどまらず、これの展開は外食産業をはじめ多くの業種に影響を与えてきたというのである。そのため、ファーストフードの研究は、食べ物としてのハンバーガーについてだけでなく、経営方法やグローバリゼーションなどの問題を視野に入れ、さらに消費者のライフスタイルとの関係で分析される対象ともなっている。

そこでここでは、マクドナルド社の誕生と展開についてみてみよう。マクドナルドは、一九四〇年にモーリスとリチャードのマクドナルド兄弟によって始められたハンバーガーショップで、一九五四年に、レイ・クロックによってフランチャイズ方式にあらためられて全米に展開することになった。

アメリカではマクドナルド以前にもハンバーガーショップはあった。一八七〇年代にアメリカのドイツ料理店のメニューにハンバーグがあったが、それは皿に出される安価な料理で、パンにはさむ形ではなかった。一九世紀後半、工業化を背景に、都市の周辺に工場群が形成されていったが、そこに昼食時にはワゴン車でホットドッグ売りが行くようになった。ソーセージをナイフとフォークを使わずに食べられるようにパンにはさんで売る工夫がされた点で、人びとは安いホットドックを立ったまま食べることができた。一八九〇年代には、同様にパンでハンバーグステーキをはさんだ「ハンバーグステーキサンドイッチ」、これが後に「ハンバーガー」と呼ばれるようになるものであるが、それがさかんに売られるようになった。とくに夜間の工場労働者がハンバーガーを食事にしたためよく売れたという（スミス 二〇一〇）。

そして近年では、アメリカではハンバーガーは買って食べるだけでなく、家庭でも肉挽器《にくひきき》とオーブングリルの普及によって、金をかけずに簡単に作れ、家族の好みに合わせてアレンジを加えられる食事メニューとして定着している。

日本の外食産業の変化　日本では、第二次大戦後しばらくは、産業分野で国内事業者の保護育成策がとられてきたが、レストラン事業についても、一九六九年（昭和四四）の第二次資本自由化によって初めて外国資本の参入と技術提携が認められた。これ以前に水面下でアメリカの大手レストランチェーンと日本企業との合弁、提携については話が進められていたため、この市場開放政策によって、それらが実現されていくことになった。また、時代的には一九七〇年の大阪万博で、ケンタッキーフライドチキンが出店され成功したため、それも日本進出のきっかけとなり、万博閉幕後、一九七〇年一一月にまず名古屋に一号店がオープンした。名古屋が選ばれた背景には、事前のマーケティングリサーチで、名古屋コーチンと手羽焼の人気といった鶏肉消費の調査などが反映されていた可能性がある。そして、よく知られているように、一九七一年七月、東京銀座三越にマクドナルドの一号店が開店した（図2）。

この頃、アメリカ資本の出版社の日本支社に勤務し、広報や広告の仕事を担当していた佐藤昴によければ、日本で最初にファーストフードという新語を使ったのは、「アメリカ人の新しいライフスタイルの象徴」、すなわち、「最近忙しくて料理をする時間のない主婦や、時間を節約して余暇を有効に過ごしたい人たちのあいだで、ファーストフードを利用する人が増えている。注文したらすぐに食事を提供してくれるサービスや、チップなどに煩わされることもなくいつでも食事ができることが人気の秘密である。最近はこうしたサービスを可能にする科学的店舗運営手法を導入したレストランチェーンが急成長し、米国全土に店舗網を拡大している」というような説明だったという（佐藤　二〇〇三）。しかし、この翻訳をした佐藤自身も、日本の寿司《すし》屋も蕎麦《そば》屋も注文したらすぐに食事が提供されるわけで何も珍しくないため、具体的にどのようなレストランなのか想像できなかったと、当時のことが回顧的に語られている。しかし、佐藤自身、一九七一年にマクドナルド社へ転職し、まだ日本にはなかったフードサービス・マーケティングと、強いブランドづくりのためのテレビコマーシャルの利用などを取り入れた経営戦略を体験していった。

図２　1971 年にオープンしたマクドナルド銀座１号店
（毎日新聞社提供）

表1　1974年外食売上上位10社

順位	企　業　名	年商(百万円)	店舗数
1	日本食堂	30,922	93
2	ニュー・トーキョー	14,666	80
3	養老商事(養老乃瀧)	14,600	807
4	北国商事(どさん子)	13,300	900
5	魚国総本社	13,000	630
6	レストラン西武	12,800	200
7	日本国民食	10,625	400
8	プリンスホテルグループ	10,557	17
9	鮒忠	9,786	88
10	聚楽	9,222	40

表2　1980年外食売上上位10社

順位	企　業　名	年商(百万円)	店舗数
1	小僧寿し本部	62,700	1,956
2	日本マクドナルド	50,028	265
3	日本食堂	46,004	134
4	ロイヤル	40,975	191
5	プリンスホテルグループ	40,770	43
6	すかいらーく	38,364	251
7	養老商事(養老乃瀧)	36,400	1,323
8	日本ケンタッキー・フライドチキン	33,100	312
9	ロッテリア	32,849	292
10	ダイエー外食事業グループ	30,000	870

表3　1990年外食売上上位10社

順位	企　業　名	年商(百万円)	店舗数
1	日本マクドナルド	175,475	778
2	日本ケンタッキー・フライドチキン	131,509	938
3	すかいらーく	118,674	857
4	ほっかほっか亭総本部	99,339	2,124
5	本家かまどや	98,798	2,131
6	小僧寿し本部	98,517	2,230
7	ロイヤル	95,853	393
8	ダスキン(ミスタードーナツ)	90,787	620
9	西洋フードシステムズ	87,470	859
10	デニーズジャパン	78,952	353

注　いずれも『日経流通新聞』による。佐藤昴　2003年『いつからファーストフードを食べてきたか』より転載。

日本におけるアメリカ資本のファーストフードの代表的な例として、カーネル・サンダースのケンタッキーフライドチキンとマクドナルドがキャラクターとともにあげられるが、子供たちをターゲットにしたテレビコマーシャルと相まってまさに強いブランド力を得て、表にみるように急速に一九七〇年代後半には店舗数を拡大し、一九八〇年代には全国的に展開していった（表1〜3）。外食売上で、上位一〇位の企業名をみると、ハンバーガー、フライドチキン、ファミレス、回転寿司、ドーナツ、そして弁当などがあげられるが、その中で圧倒的にファーストフード系が占めている。日本のライフスタイルが、アメリカの一九六〇年代後半の「最近忙しくて料理をする時間のない主婦や、時間を節約して余暇を有効に過ごしたい人たちのあいだで、ファーストフードを利用する人が増えている」といわれた状況とよく似た忙しい生活、そしてもう一つ、食生活の上でも生活の個人化と個食化という動きが進んでいったことがその背景にあると考えられる。

沖縄と米軍基地とファーストフード　日本におけるアメリカ資本のファーストフード店の普及で注目されるのは、一九七一年（昭和四六）の東京におけるマクドナルド一号店より以前の、一九六三年にすでに沖縄の北中城村《きたなかぐすく》屋宜原《やぎばる》においてＡ＆Ｗというハンバーガーショップが開店していたという点である。その後、沖縄では一九七二年にケンタッキーフライドチキン、一九七六年にマクドナルドがそれぞれ開店した。戦後、一九七二年まで米軍統治下にあった沖縄では、もともと豚肉料理の伝統があったこと、またアメリカ人家庭でメイドとして働く女性や、基地内の商店で日用品を購入する人びとにとってはアメリカの食生活や食文化に接する機会が多かったこと、その両方がハンバーガーやフライドチキンという新しい肉料理を抵抗なく受け入れる素地になっていたという指摘がなされている（金城・田原　一九九五）。

また、沖縄のファーストフード店の特徴として、本土のケンタッキーフライドチキン一〜三号店では失敗したドライブインタイプの店舗が成功した点があげられている。それについて、首里《しゅり》と那覇《なは》を中心とする鉄道網が戦災で失われ復旧しなかったのであるが、そのため人びとの移動はもっぱら自動車やバスにより、ドライブインタイプのほうが買い物効率上よかったものと推察されている（河内　二〇一五）。

沖縄における戦後から日本復帰までの自家用乗用の自動車台数から、自家用の乗用車一台あたりの人数を算出した武井基晃によれば、一九五八年に一台あたり三四九・六人であったのが、一九七一年には一六・八人へと、急速に普及していること、また戦後から日本復帰前のアメリカ統治下において、沖縄の自動車社会化が進んでいたことが指摘されている（武井　二〇一五）。なお、この自動車はその多くが米軍の払下げによる中古車で、この場合もやはり基地の存在が沖縄の人々の生活を変化させていったことがわかる。

4　スローフード

食の合理化・システム化への反発　マクドナルドはヨーロッパ各国にも進出をはかり、フランスでは一九七二年に、イタリアにも一九八六年にそれぞれ一号店が開店した。よく知られている話ではあるが、ママンの味を大切にしているイタリア人の食文化に、マクドナルドはどのようにマーケットを展開できるか探っていたところ、観光客が多く集まるローマのスペイン広場に一号店を開店することになった。ところが、イタリアではファーストフードに対する反発から、イタリア北部ピエモンテ州のブラという町でスローフード運動が起こった。ジョージ・リッツアによれば、マクドナルド化とは、「ファーストフード・レストランの諸原理がアメリカのみならず世界の国々の、ますます多くの部門で優勢を占めるようになる過程」であり、効率性、予測可能性、計算可能性、そして人間によらない技術体系を介して実施される制御を特徴とすると述べている（リッツア　一九九三）。そして、これは合理的システムの基礎的部分となっており、このような合理的システムはレストラン業界だけでなく社会のすべての側面に及んでいるといい、その中でマクドナルドがマクドナルド化の中心的役割を演じたと述べている。

そして、「このファストフードが表すのは食のシステム化である。これはマクドナルドが代表するアメリカ型グローバルモデルであり、市場経済市場主義と分業主義と英語市場主義の三本の柱からなる〝経済植民地化〟のビジネスモデルである。それがマクドナルド化という言葉で言い表される」（原田・宮本　二〇一五）というように、マクドナルドのグローバルな展開は「食のシステム化」を推進したともいわれている。

イタリアでは、このアメリカーナな、アメリカ式の食の合理化・システム化の波及に対する反発感と危機感とが共有されていったものと考えられる。ファーストフードのチェーン展開がグローバルなレベルで展開し、生産から消費までを総合する合理的、画一的なシステムのもとにあったのに対し、スローフードは伝統的な食文化や食材を見直す運動、またはその食品自体をさすというかたちで、それぞれ地域の食を尊重するという立場から始まったものであった。原田保・宮本文宏「スローフードのスタイルデザイン」（原田保他編　二〇一五）によれば、「スローフード運動は、そうしたシステムとしての食に対して、文化や歴史や地域や伝統的な暮らしというコトを重視する動きから生まれた。このスローフード運動を通してコンセプト化したものがスロースタイルである。それは脱工業化を指向して地域を重視する視点から、新たなコンセプトを創造する試みである」と述べられている。

一九八九年には、パリ国際スローフード協会設立大会が開かれ、そこで「スローフード宣言」が採択され、以降、国際運動として展開するに至っている。二〇〇八年に会員数は七万二二四一人となっている（スローフードインターナショナル監修　二〇〇九）。

日本のスローフードの動き　日本では、二〇〇一年（平成一三）九月に国内で初めてBSE（牛海綿状脳症、いわゆる狂牛病）感染牛が発見されたが、その同じ年にスローフードという言葉が流行している。狂牛病の報道は、生産・流通・消費の間があまりに見えなくなっていることを認識させ、食への不信感へとつながったことが背景として思い出される。当初、スローフードという言葉が先行した感があるが、二〇〇四年にスローフードジャパンが設立され、二〇〇七年には特定非営利活動法人（NPO法人）となり、二〇〇九年現在では、会員数は約二一〇〇人である。その活動方針は「理論」よりも「実践」、「現代社会への警鐘」よりも「新しい価値の創出」に力点をおいており、次の三つの使命を掲げ、具体的には、下記のように示されている（スローフードインターナショナル監修　二〇〇九）。

（1）食の源となる生物多様性を守る

さまざまな地方・地域に息づく多様な食を認め合い楽しむこと。食の均質化のなかで、消えかかっている動植物種や伝統的な漁法・加工法を発見し守っていくこと。

（2）生産者と消費者とを結ぶ

質のよい素材を提供する生産者と消費者がより緊密な関係を結ぶことによって、すぐれた小規模生産者を守っていくこと。同時に食べ物がその労働に見合う適正な価格で流通するようなフェアな市場をつくっていくこと。

（3）味覚の教育

すぐれた素材や調理法への感性を育み、真に快適な食卓をとりもどすために、消費者の五感や好奇心を、食を通じて刺激する機会を提供すること。とりわけ五感の発達期にある子供たちへの味覚の教育に目を向けていくこと。

こうして、「質のよい食」を追究し、生産者と消費者という関係を、生産者と「共生産者」という関係性に変えること、日本の食文化を守り、世界へアピールしていくこと、がスローフードジャパンの運動では重視されている。

高度経済成長期を経て、簡便・快適・快速を求め続けてきた日本社会は、とくに一九八〇年代以降、食の外部化が顕著である（秋谷　一九八八）。一方、二〇〇〇年以降、狂牛病、食品偽装問題などが次々と報道され、食の安全・安心が脅かされている。こうしたなかで、食の合理化・システム化から、脱工業化指向と地域重視という食および生活スタイルへの転換が求められていることがわかる。

地産地消　日本でスローフードとよく似ているのが、地産地消という考え方である。地産地消とは、地域生産・地域消費の略語で、「地域で生産された農産物などの食材をその地域で消費するという方式をあらわす言葉。地域生産と地域消費、地場生産と地場消費、その組み合わせを評価する用語」（新谷　二〇一三）である。

日本では高度経済成長期を経て、農業の機械化、化学化による生産性の向上が実現したが、農薬、化学肥料、飼料添加物の使用、生産―加工―流通―消費の複雑化などから起こる複合的な現象が食の安全をおびやかす社会問題になっていった。一九八六年のウルグアイ＝ラウンドにより、一九九一年（平成三）に牛肉とオレンジの輸入自由化、一九九三年の米の部分的自由化を含む農産物の輸入自由化などいくつかの契機を経ながら、グローバル化の中でアメリカや中国などの大生産地との間で農業生産と食生活との直接的なつながりが求められた時、それに対抗するかのように逆に、日本各地の農業現場の生産者と都市部をはじめとする消費者との間を直接つなぐ産消提携という動きが草の根的な取り組みから始まっていった。これのさきがけは、一九七〇年代後半から一九八〇年代にかけての有機農業の取組みであり、一九八〇年代の生協による産地直送方式であった。経済効率重視のなかで生じる農と食の生産者と消費者との分断を自覚的に意識し、それを克服しようとするこの動向は、かつてイタリア北部のブラの町で、アメリカ発のファーストフードの波及に対する反発からスローフード運動が起こったのと似ているところがある。

地元で生産されたものを地元で消費するというコンセプトの代表例は、現在では日本各地の「道の駅」などにある「直売所」である。そこでは消費者は、生産者の「顔が見える」農産物を購入することができる。生産者も消費者のニーズを知ることができ、また、「朝、モロへイヤを少し道の駅に持っていけばちょっとしたお小遣いになる」などと女性や高齢の生産者にも喜ばれている。

地産地消の考えは学校給食にも取り入れられてきている。二〇〇五年六月に食育基本法が制定されたが、その前文に、食育を知育、徳育、体育の基礎となるものと位置づけ、さまざまな経験を通じて

「食」に関する知識と「食」を選択する力を習得し、健全な食生活を実践することができる人間を育てるためにその推進が求められているとしている。そして、「「食」をめぐる環境の変化の中で、国民の「食」に関する考え方を育て、健全な食生活を実現することが求められるとともに、都市と農山漁村の共生・対流を進め、「食」に関する消費者と生産者との信頼関係を構築して、地域社会の活性化、豊かな食文化の継承及び発展、環境と調和のとれた食料の生産及び消費の推進並びに食料自給率の向上に寄与することが期待されている」と述べられているが、地元の生産者と農作物を育て、収穫した旬の野菜などを給食で食することで、食物への関心を高める取組みが各地で行われてきている。

参考文献

秋谷重男　一九八八年「産業となった外食—マイホーム家族の変容と個食化—」今村奈良臣・吉田忠編『食生活変貌のベクトル—連続と断絶の一世紀—』農山漁村文化協会
伊藤維年　二〇一二年『地産地消と地域活性化』日本評論社
大久保洋子　一九九八年『江戸のファーストフード—町人の食卓、将軍の食卓—』講談社メチエ
河内俊樹　二〇一五年「沖縄料理のスタイルデザイン」原田保・庄司真人・青山忠靖編『食文化のスタイルデザイン—〝地域〟と〝生活〟からのコンテクスト転換—』大学教育出版
金城須美子・田原美和　一九九五年「沖縄の食にみる米国統治の影響（第一報）—外資系洋食ファーストフード（米国型）の導入と受容—」『琉球大学教育学部紀要　第一部・第二部』四七号

佐藤　昂　二〇〇三年『いつからファーストフードを食べてきたか』日経BP社
庄司真人　二〇一五年「ファストフードのスタイルデザイン」原田保・庄司真人・青山忠靖編『食文化のスタイルデザイン―〝地域〟と〝生活〟からのコンテクスト転換―』大学教育出版
新谷尚紀　二〇一三年「地産地消」新谷尚紀・関沢まゆみ編『民俗小事典　食』吉川弘文館
スミス、アンドルー・F、小巻靖子訳　二〇一一年（原作二〇一〇年）『ハンバーガーの歴史―世界中でなぜここまで愛されたのか?―』ブルース・インターアクションズ
スローフードインターナショナル監修　二〇〇九年『スローフード大全』スローフード協会・五十嵐亮二訳、スローフードコミュニケーションズ
武井基晃　二〇一五年「葬送の変化と祖先祭祀行事の自動車社会化―沖縄本島中南部の事例―」『国立歴史民俗博物館研究報告』一九一
田村栄太郎　一九六〇年『江戸の風俗　町人篇』雄山閣
日本風俗史学会編　一九七八年『図説江戸時代食生活事典』雄山閣出版
原田保・庄司真人・青山忠靖編　二〇一五年『食文化のスタイルデザイン―〝地域〟と〝生活〟からのコンテクスト転換―』大学教育出版
原田保・宮本文宏　二〇一五年「スローフードのスタイルデザイン」原田保・庄司真人・青山忠靖編『食文化のスタイルデザイン―〝地域〟と〝生活〟からのコンテクスト転換―』大学教育出版
原田信男　二〇〇三年『江戸の食生活』岩波書店（のち二〇〇九年、岩波現代文庫）
三田村鳶魚　一九三八年「庶民の食物志」『江戸読本』昭和一三年一〇月号（のち朝倉治彦編　一九九

七年『娯楽の江戸　江戸の食生活』中公文庫）
八木　滋　二〇〇七年「青物商人」原直史編『身分的周縁と近世社会三　商いがむすぶ人びと』吉川弘文館
リッツア、ジョージ、正岡寛司監訳　一九九九年（原文一九九三年）『マクドナルド化する社会』早稲田大学出版部

執筆者紹介（生年／現職）―掲載順

新谷尚紀（しんたに　たかのり）　一九四八年／國學院大學文学部教授
渡邊欣雄（わたなべ　よしお）　一九四七年／東京都立大学名誉教授・首都大学東京名誉教授
山崎祐子（やまざき　ゆうこ）　一九五六年／学習院女子大学非常勤講師
黒田一充（くろだ　かずみつ）　一九五九年／関西大学文学部教授
小川直之（おがわ　なおゆき）　→別掲
藤井弘章（ふじい　ひろあき）　一九六九年／近畿大学文芸学部教授
印南敏秀（いんなみ　としひで）　一九五二年／愛知大学地域政策学部教授
石垣　悟（いしがき　さとる）　一九七四年／文化庁文化財第一課文化財調査官
竹内由紀子（たけうち　ゆきこ）　一九六二年／女子栄養大学栄養学部准教授
関沢まゆみ（せきざわ　まゆみ）　一九六四年／国立歴史民俗博物館教授

索　引

あ　行

か　行

さ 行

た 行

な 行

は　行

ま 行

や・ら・わ行

編者略歴

一九五三年　神奈川県に生まれる
一九七五年　國學院大學文学部卒業
現　在　國學院大學文学部教授、博士（民俗学）

〔主要編著書〕
『摘田稲作の民俗学的研究』（岩田書院、一九九五年）
『折口信夫・釋迢空―その人と学問―』（編著、おうふう、二〇〇五年）
『日本民俗選集』全二〇巻（編・解説、クレス出版、二〇〇九―一〇年）
『日本の歳時伝承』（角川ソフィア文庫、二〇一八年）
『折口信夫　死と再生、そして常世・他界』（編著、アーツアンドクラフツ、二〇一八年）

日本の食文化

日本の食文化１
食事と作法

二〇一八年（平成三十）十二月二十日　第一刷発行

編　者　小《お》川《がわ》直《なお》之《ゆき》
発行者　吉　川　道　郎
発行所　株式会社　吉川弘文館
郵便番号一一三―〇〇三三
東京都文京区本郷七丁目二番八号
電話〇三―三八一三―九一五一〈代表〉
振替口座〇〇一〇〇―五―二四四
http://www.yoshikawa-k.co.jp/

印刷＝株式会社　三秀舎
製本＝誠製本株式会社
装幀＝黒瀬章夫

ISBN978-4-642-06836-9

日本の食文化

1 食事と作法 ＊
小川直之編

食事には作法と決まり事がある。人と人をつなぐ共食や贈答、神仏への供え物、調理の技法と担い手、食具の扱いなど、儀礼と日常の食の社会的な意味を読み解く。ファーストフードや「和食」の国際的な動向にも着目する。

2 米と餅
関沢まゆみ編

米には霊力が宿るとされ、神祭りや人生儀礼で餅や団子、すし、赤飯にも加工し食される。日常では、野菜類と混炊したかて飯、携行食の握り飯など調理の工夫がある。さまざまな米の食と米の力を追究する。

3 麦・雑穀と芋
小川直之編

麦・粟・稗などの雑穀と芋類、豆類は日々の食を支え、救荒食ともなった。地方色豊かな雑穀と芋の食べ方、麺類やオヤキなどの粉食から、多様な主食・常食のあり方を示す。大豆の加工品である納豆と豆腐も取り上げる。

吉川弘文館

日本の食文化

4 魚と肉

藤井弘章編

列島に広く浸透した日本の豊かな魚食文化を、海の魚と淡水魚、すしの変化、クジラ・イルカ食などから考察。一方で長く忌避され地域限定的だった肉食文化を、明治以降の急速な拡大も含め概観する。近年話題の昆虫食にも注目。

5 酒と調味料、保存食

石垣　悟編

発酵を利用した酒、酢・味噌・醬油、塩蔵や発酵による漬物、ダシの素材となる昆布などの乾物。これら食料保存の技術は独特の味をも生み出した。基本調味料の塩と砂糖、嗜好品の茶も加え、日本の味の文化的背景を探る。

6 菓子と果物

関沢まゆみ編

砂糖が普及する以前、甘い食物は貴重だった。古代から食されてきた栗・柿・みかん、年中行事と関わる饅頭・汁粉・柏餅、庶民に親しまれた飴、贈答品の和菓子、文明開化後の洋菓子など、人を惹きつける甘味の文化を描く。

各2700円（税別）　＊は既刊

吉川弘文館